"Tenemos un problema dentro de la iglesia sobre el cual la mayoría de nosotros nunca queremos hablar. Los esposos y las esposas no están orando juntos. Los hombres no están iniciando la oración, a menudo porque no saben qué orar o cómo orar. En su nuevo libro, *Oremos juntos*, Sam y Vicki Ingrassia nos ofrecen una orientación bíblica. Orar como pareja cambiará su matrimonio y cambiará su vida".

—KERBY ANDERSON, presentador del programa de radio nacionalmente sindicado *Punto de vista*

"Cuando estaba estudiando los perfiles de Sam y Vicki Ingrassia para una historia en *The 700 Club*, lo que descubrí fue a una pareja experimentando una revolución de dos personas. Dios les estaba mostrando, por medio de orar su Palabra juntos, que ellos podían llevar su matrimonio a una intimidad espiritual y emocional mucho más profunda. Todo lo que se requiere es que usted y su ser querido miren hacia abajo a la Palabra de Dios en sus manos y miren hacia arriba en oración al Dios de su matrimonio. Usted + su cónyuge + orar su Palabra = una unidad e intimidad espiritual que cada pareja cristiana puede alcanzar. Ya sabe lo que dicen: el testimonio supera la teoría. Sin embargo, en *Orando juntos* usted tiene la bendición de conseguir ambas cosas. Sam y Vicki muestran cómo la oración ha traído una amistad profunda, compañerismo y diversión a su propio matrimonio, así como a muchos otros...y cómo ahora puede hacer lo mismo por el suyo".

—PAUL STRAND, corresponsal principal de CBN News en Washington, DC

"En nuestra cultura e iglesias, nunca ha sido mayor la necesidad de que los matrimonios bíblicos auténticos prevalezcan y demuestren el mejor plan de Dios para la humanidad. Los matrimonios bíblicamente sólidos y genuinamente exitosos deben ser edificados sobre una vibrante vida de oración y alimentados por ella. *Oremos juntos* ayuda a las parejas a superar la inercia, la culpa y la falta de habilidades que inhiben su vida de oración juntos. Este libro proporciona la motivación y un modelo de éxito que beneficiará a cualquier pareja que busca una vida de intimidad espiritual más significativa. Habiendo servido estrechamente ... Vicki

Ingrassia por más de veinte años, puedo dar fe de la veracidad de su historia y la eficacia de su enseñanza".

—Curtis V. Hail, presidente y director ejecutivo
de e3 Partners y I Am Second

"Si pone en práctica los principios del nuevo libro de Sam y Vicki Ingrassia, *Oremos juntos*, transformará su matrimonio y establecerá una unidad más fuerte de la que haya tenido siempre. Orar juntos como pareja constituye el elemento más importante de un matrimonio que es plenamente gratificante y se mantiene firme durante las tormentas de la vida. *Oremos juntos* lo ayudará a establecer un fundamento sólido si usted es un recién casado. Si ha estado casado por años, lo ayudará a reparar sus cimientos y a hacerlos nuevos una vez más. Pastor, este es el libro que ha estado buscando en su tarea de consejería prematrimonial. Líder del estudio bíblico, el mismo es perfecto para las parejas, sin importar cuánto tiempo ellos han estado casados. Lea este libro, luego tome su Biblia y doblen sus rodillas juntos como marido y mujer".

—Tom Doyle, autor de *El asesinato de cristianos: Vive la fe donde es peligroso creer*, vicepresidente de asociaciones de iglesia y ministerio, y director de e3 Partners en el Oriente Medio y África del Norte

"He estado en el ministerio por más de veinte años, discipulado a cientos, aconsejado a incontables matrimonios, y conocido el poder de la oración a nivel personal. Sin embargo, incluso como ministro del evangelio, no he podido orar con mi esposa con regularidad. Desafortunadamente, es lo único que ella desea más que casi cualquier otra cosa, conectándose conmigo en el nivel más profundo. Por alguna razón, resulta más fácil dirigir a una multitud en oración que a mi esposa. Sam y Vicki no nos están llamando a un gran acto, sino a dar un paso amoroso hacia la intimidad espiritual con nuestro cónyuge. Lleno de gracia, compasión y comprensión, su libro puede ayudar a que los matrimonios lleven el ideal a la realidad. Le recomiendo encarecidamente *Oremos juntos* a usted y su pareja, a su iglesia y a cualquier persona que desee escuchar".

—David Fuquay, ministro principal de formación espiritual en
Northwest Bible Church

"Después de veinte años como líder de asesoría prematrimonial, he llegado al consejo principal que deseo que todas las parejas sigan: *poner a Dios en el centro de su relación*. Cuando una pareja prioriza su fe de manera consciente, esto se convierte en una fuente de salud que fluye a cada otro ámbito. Sé que usted está pensando: ¡*bah*! No obstante, he aquí la realidad: la mayoría de las parejas no tienen idea de cómo hacer esto en verdad. Peor aún: luego de cinco, diez y veinte años en el matrimonio, tal desconocimiento permanece. Finalmente, con el libro de los Ingrassia, hay una herramienta que puedo poner en las manos de cada pareja—comprometida o casada—que en realidad los equipa para hacer bien lo principal".

—DAVE GUSTAVSEN, pastor principal
de la iglesia Jacksonville Chapel

"Para que nuestros matrimonios sean fortalecidos, los esposos y las esposas deben aprender a orar juntos. Si necesita un estímulo en este aspecto de su vida, *Oremos juntos*, el más reciente libro de Sam y Vicki Ingrassia, constituye una lectura obligada. Este libro explica por qué las parejas *deben* orar juntas y les enseña a ambos *cómo* hacerlo. Tal llamado a orar juntos como marido y mujer nunca ha sido más crucial que ahora. Si quieres un matrimonio más fuerte y saludable, ganarás percepciones y una sabiduría increíbles con este libro sobre el poder de orar juntos".

—JACK GRAHAM, pastor de la Iglesia Bautista de Prestonwood

"La oración es una cosa rara en la iglesia contemporánea e incluso más rara dentro de los hogares de muchos cristianos. Sam y Vicki Ingrassia sienten pasión por la oración y específicamente por una en la que las parejas claman juntas por su familia, la comunidad y el mundo. Recomiendo sumamente este recurso, el cual reavivará su pasión por la oración. Su trabajo ha tenido un impacto tremendo en mi matrimonio y mi iglesia".

—DR. KEN LANG, pastor principal
de la iglesia Calvary Chapel Syracuse

"El matrimonio constituye una relación sagrada que nos es dada por Dios todopoderoso. Las parejas cristianas saben que deben experimentar una intimidad espiritual con su cónyuge, pero a menudo no saben cómo lograr que esto ocurra. No hay mejor manera de invertir en su relación matrimonial que orando juntos las Escrituras. Sam y Vicki Ingrassia experimentaron los altibajos de la intimidad espiritual en el matrimonio durante décadas antes de que Dios les revelara un plan simple y factible para que Sam asumiera el liderazgo. La buena noticia para usted y para mí es que el desafío y modelo compartido en *Oremos juntos* es bíblico e intemporal. Sam y Vicki le enseñan cómo profundizar en su matrimonio orando juntos con la Biblia como guía".

—MARC MCCARTNEY, pastor de misiones de
la Iglesia de Lake Pointe

"Como un hombre que había fracasado y tuvo éxito en liderar a su familia, quiero animarlo a leer (y aplicar) la enseñanza que Sam y Vicki comparten en *Oremos juntos* acerca de leer las Escrituras y orar con su cónyuge. La Biblia nos recuerda en Hebreos 4:12 que "la palabra de Dios es viva y poderosa". Aplicando la disciplina espiritual de orar como una pareja casada con la Biblia como guía, usted verá reconciliación, paz, amor, intimidad y el poder de Dios desencadenado en su vida individual, su matrimonio y su familia".

—MATTHEW MCINTYRE, director ejecutivo de
Puritan Financial Companies

"En *Oremos juntos*, Sam y Vicki Ingrassia proporcionan un punto de vista equilibrado y realista, tanto del esposo como de la esposa, sobre el intento frecuentemente difícil de las parejas para mantener una vida de oración juntos. Al igual que el primer libro de Sam escrito a los esposos, *Just Say the Word* [Solo diga la palabra], este volumen para parejas proporciona un ejemplo a seguir a fin de fortalecer las relaciones, reparar los matrimonios y profundizar la intimidad entre los cónyuges…todo a través del simple acto de orar regularmente juntos. ¡Es fácil decirlo, pero es complicado hacerlo! ¡Afortunadamente, Sam y Vicki han trabajado con éxito para alcanzar esta intimidad espiritual en sus propias vidas y están compartiendo este modelo probado para ayudarnos a lograrlo!".

—NORM MILLER, presidente de Interstate Batteries

"*Oremos juntos* es el fruto de muchos años fieles en los que Sam y Vicki Ingrassia han trabajado incansablemente por el bien del evangelio y para el fortalecimiento de los matrimonios y las familias dentro del Cuerpo de Cristo. Hemos conocido a Sam y Vicki durante casi dos décadas y visto de primera mano cómo su matrimonio duradero y floreciente ha bendecido no solo nuestras vidas, sino también las de miles de otras parejas mientras compartían fielmente los principios de Dios para la unidad matrimonial mediante la oración. Recomendamos de todo corazón *Oremos juntos* para cualquier pareja que anhele profundizar la intimidad espiritual entre sí. Se trata de un consejo práctico y bíblico que los ayudará a deshacerse de los fracasos del pasado y a disfrutar de un futuro emocionante juntos".

—Nathan y Patty Sheets, copropietarios de
Nature Nate's Natural Honey

"Sam y Vicki han abordado la esencia de los asuntos fundamentales que enfrentan un esposo y una esposa al querer tener un matrimonio que es todo lo que Dios quiere que sea. Ellos han abordado con gran audacia y sensibilidad el tema que la mayoría de las parejas (y los hombres que quieren liderar en su matrimonio) encuentran difícil de poner en práctica: orar juntos conversacionalmente. Sam y Vicki han proporcionado la clave para experimentar la presencia, el poder y las promesas que Dios le ofrece a cada pareja que lo invita a su matrimonio de manera regular. En todos mis años de consejería matrimonial como pastor, el único ingrediente que mantuvo a las parejas juntas y fortaleció los matrimonios como ninguna otra cosa es la oración conversacional. En este libro, Sam y Vicki ofrecen formas prácticas y sencillas de ayudar a las parejas a comenzar a orar juntos usando la Palabra de Dios. Este libro debe ser una lectura recomendada para todas las parejas que quieren un matrimonio que experimente el poder y las bendiciones de Dios y continúe hasta la próxima generación".

—Dr. Mark (director de efectividad del personal de Cru)
y Janet Stewart

DEDICATORIA

A nuestras hijas Christina, Nicole y Stephanie

Estamos encantados de ver la obra divina, formándolas a cada una de ustedes como mujeres especiales de Dios. ¡El Señor las ha usado a todas para enseñarnos lecciones únicas y hermosas de la vida!

¡Las amamos profundamente!

OREMOS JUNTOS

SAM & VICKI INGRASSIA

CASA
CREACIÓN

La mayoría de los productos de Casa Creación están disponibles a un precio con descuento en cantidades de mayoreo para promociones de ventas, ofertas especiales, levantar fondos y atender necesidades educativas. Para más información, escriba a Casa Creación, 600 Rinehart Road, Lake Mary, Florida, 32746; o llame al teléfono (407) 333-7117 en Estados Unidos.

Oremos juntos por Sam y Vicki Ingrassia
Publicado por Casa Creación
Una compañía de Charisma Media
600 Rinehart Road
Lake Mary, Florida 32746
www.casacreacion.com

Traducido por: Medeline Díaz
Diseño de portada por: Lisa Rae McClure
Director de diseño: Justin Evans

Library of Congress Control Number: 2017941104
ISBN: 978 1-62999-337-9
E-book: 978-1-62999-344-7

Impreso en los Estados Unidos de América
17 18 19 20 21 * 6 5 4 3 2 1

CONTENIDO

AGRADECIMIENTOS

A Jim y Kaye Johns de los Ministerios Prayer Power:

Gracias por su estímulo permanente y por caminar con nosotros en las montañas y los valles extremos de nuestras vidas…¡y en todos los lugares intermedios! Su aliento y guía han sido firmes, fiables y profundamente personales. Sus oraciones nos han apoyado a lo largo de más de lo que probablemente se dan cuenta. Su orientación y respaldo ayudaron a que *Just Say the Word* se hiciera realidad, y su continuo estímulo nos impulsó a este siguiente nivel con *Oremos juntos*.

A Curtis y Amy Hail del Ministerio e3 Partners:

Ustedes pensaron que Dios los envió a Nueva Jersey para hablar en Jacksonville Chapel sobre el ministerio de las misiones, no podríamos haber anticipado que en realidad venían a entregar el llamado de Dios a nuestras vidas para enfocarnos en el ministerio internacional de la Gran Comisión. Con seguridad éramos una "banda heterogénea" en esos primeros años formativos, pero pensándolo bien, tal vez no mucho ha cambiado; ciertamente, todo ha tenido que ver con la sustentadora gracia de Dios.

A Nathan y Patty Sheets de Nature Nate's Natural Honey:

Ustedes estuvieron allí en los primeros días cuando Dios irrumpió en nuestras vidas con este mensaje y modelo para la oración conyugal. El Señor los ha usado no solo para ayudarnos a iniciar este ministerio, sino que una y otra vez han estado allí para animarnos a seguir adelante. ¡Todo de un joven a quien Dios se atrevería a llevar al "santuario interior" de nuestras poderosas reuniones de gabinete!

A Jack y Elizabeth Reaves de Reaves Insurance Agency:

Su constante amistad y oraciones han impactado profundamente a cada miembro de nuestra familia…¡si lo dudan, solo pregúntenle a cualquiera de nuestras tres hijas! Si alguna vez necesitáramos llamar a alguien en medio de la noche, no dudaríamos en marcar su número. Dios nos ha dado múltiples recuerdos especiales con ustedes, no solo en los suelos extranjeros de la cosecha espiritual en Rumania y Colombia, sino también aquí en casa. Desde que nos conocimos en esa reunión misionera providencial años atrás han caminado con nosotros en medio de las realidades de la vida. ¡Gracias por recordarnos constantemente que la clave de la vida cristiana es "Cristo en ustedes, la esperanza de gloria"!

A Bill y Merle Jeanne Albert de Fellowship Greenville:

¿Qué podemos decir? Se ha dicho con precisión: "Algunas personas vienen a sus vidas por un tiempo, algunas por una temporada, y algunas para toda la vida". Cuando llegamos como una familia pastoral nueva y joven a Jacksonville Chapel, ustedes estaban allí. Cuando fuimos llamados a Global Missions Fellowships, estaban allí. Cuando registramos a e3 Partners y enfocamos nuestro trabajo en Colombia, escogieron caminar innumerables barrios para compartir el evangelio de Jesucristo y ayudar a establecer iglesias sencillas. Gracias por su presencia continua a nuestro lado.

A Jason y Emily Morris de e3 Partners/Colombia:

Muchas veces he dicho, y lo digo todavía hoy, que nuestro ministerio con e3 Colombia, con *Just Say the Word* y ahora con *Oremos juntos* nunca hubiera alcanzado su potencial sin la energía creativa y las ideas que ustedes trajeron a la mesa…¡y las habilidades para aunar todos los esfuerzos! Siempre estaremos agradecidos por la fidelidad con que han servido junto a nosotros llevando la carga juntos.

A David Shepherd y Greg Webster de New Vantage Partners:

Desde la primera vez que los conocimos, sabíamos que eran los hombres que Dios envió para ayudarnos a encontrar nuestro camino por una ruta que nunca podríamos haber imaginado. Ustedes no solo nos indicaron con paciencia la dirección correcta, sino que nos guiaron paso a paso para llevar nuestra convicción y testimonio a las páginas impresas. Debido a su experiencia y sabio consejo, innumerables matrimonios han sido desafiados a alcanzar una intimidad espiritual más intencional por medio de la oración de las Escrituras. Gracias por ir dejando el rastro de migas antes de nosotros para que pudiéramos encontrar nuestro camino en esta aventura.

CONSTRUYAMOS CIMENTADOS SOBRE LA ROCA

*¿E*s ESTE OTRO *libro sobre el matrimonio?*, puede estarse preguntando. No, no lo es en realidad, pero vamos a hablar de la intimidad en el matrimonio.

¿Entonces este es un libro acerca de la vida cristiana?, podría ser la siguiente pregunta que viene a su mente, pero no es exactamente eso tampoco. Sin embargo, vamos a hablar mucho sobre la oración.

¡Ah! ¿Entonces este debe ser otro libro sobre la oración, verdad? Pues bien, no es solo eso.

Bueno, ¿de qué trata?

Trata de levantar una carga que a veces puede parecer que asfixia su relación matrimonial. Y muestra un camino sencillo y factible para deshacerse del peso, despertar una nueva conexión, e introducir una unidad espiritual nueva o renovada en su matrimonio. Nosotros conocemos tanto el antes como el después con respecto a lo que estamos hablando.

NO VER LO QUE ESTÁ JUSTO ALLÍ

Una carga nos agobiaba. Aunque resultaba invisible para el ojo, era muy real y pesada. Si bien podíamos haber tenido un "buen matrimonio"—algunas personas habrían incluso dicho que un gran matrimonio—esta carga creaba temporadas de tensión, confusión y pesadumbre. La mayor parte del tiempo no la notábamos en particular. Entonces, en otras ocasiones, sabíamos que *algo* nos estaba presionando, pero nunca podíamos decir con exactitud lo que era.

En el momento providencial de Dios, Él señaló lo que andaba mal con la forma en que estábamos corriendo nuestra carrera juntos, y casi de inmediato sospechamos que esta carga no era exclusiva de nuestro matrimonio. Con el tiempo, llegamos a estar convencidos de que esto era así, de que en realidad muchos—nos atreveríamos a decir que la mayoría—de los matrimonios en el Cuerpo de Cristo experimentan esta carga. Y la misma es incluso más pesada sobre los esposos y las esposas cristianos que ayudan a otros a encontrar y seguir a Dios...¡sí, incluso agobia a las personas en el ministerio!

Por supuesto, esposos y esposas comparten la "vida espiritual" de vez en cuando. Vamos a la iglesia, oramos con nuestros hijos, y tal vez hasta logramos tener devociones familiares ocasionales. Podemos enseñar a la escuela dominical, liderar a un grupo de jóvenes, dirigir un estudio bíblico, o incluso predicar los domingos por la mañana. Nosotros, la familia Ingrassia, estábamos justo allí. Sin embargo, en nuestra casa faltaba algo, y ahora sabemos que falta en muchos hogares.

Para muchas parejas, la conexión espiritual como esposos y esposas es casual, intermitente, escabrosa y poco continua. En estos días, los esposos y esposas suelen correr rápido en caminos separados. Tenemos responsabilidades diferentes y legítimas que cumplir, en dependencia de cómo se las arreglen en un matrimonio en particular, pero el problema—la carga—no lo causan los caminos diferentes. La dificultad reside en la distancia entre nuestros caminos y la desconexión espiritual resultante. Direcciones diferentes significan que nuestras intersecciones espirituales son probablemente muy poco frecuentes. La distancia crea la oportunidad para que las cosas no conjuntas se entrometan en su camino. Sin embargo, Jesús advierte que una "casa dividida contra sí misma, no permanecerá" (Mateo 12:25, RVR 1960), y el mundo, las fuerzas espirituales, e incluso nuestra propia carne, están más que felices de ver nuestras casas divididas, yendo hacia la destrucción y la desaparición.

LA VIDA SE INTERPONE

Los horarios exigentes, los empleos múltiples, una agenda cargada de actividades semanales, lecciones de todo tipo para nuestros niños, los viajes de ida y vuelta compartiendo el vehículo a toda prisa a través de la ciudad, y las carreras hacia el aeropuerto para viajes de negocios, todos dañan por igual la conexión íntima. Y las situaciones estresantes, como que quedan más días del mes que dinero, otra corrida a la sala de emergencias, una transferencia de trabajo, así como el miedo, la ira, la depresión y la inseguridad, se levantan hasta desestabilizar nuestros corazones. ¡La vida reparte tantas cartas, que no sabemos cómo sostenerlas todas en nuestras manos!

Jesús sabía todo esto y tenía una solución:

> *Por tanto, todo el que me oye estas palabras y las pone en práctica es como un hombre prudente que construyó su casa sobre la roca. Cayeron las lluvias, crecieron los ríos, y soplaron los vientos y azotaron aquella casa; con todo, la casa no se derrumbó porque estaba cimentada sobre la roca. Pero todo el que me oye estas palabras y no las pone en práctica es como un hombre insensato que construyó su casa sobre la arena. Cayeron las lluvias, crecieron los ríos, soplaron los vientos y azotaron aquella casa. Esta se derrumbó, y grande fue su ruina.*
>
> —MATEO 7:24–27

La lluvia, las corrientes crecidas y los vientos que soplan golpean sobre nuestros matrimonios y familias, pero observa que Jesús no ofrece ninguna manera de impedir que las tormentas vengan a nosotros. No, Él habla de construir vidas que permanecerán intactas a pesar del ataque. *La estabilidad* es la recompensa por cualquier casa construida sobre un cimiento de roca, y depende de nosotros asegurarnos de que construimos sobre la roca, no sobre la arena.

Entonces, ¿qué tiene esto que ver con la misteriosa carga en el matrimonio que mencionamos con anterioridad? Simplemente que Dios señaló la carga invisible, pero muy real, que llevábamos en nuestro propio matrimonio y nos mostró que la experimentábamos porque estábamos construyendo sobre la arena. El peso presionaba sobre nosotros, y nos hundíamos en las cosas suaves que teníamos debajo de los pies. Sin embargo, Dios también nos reveló en su gracia una respuesta. Él nos mostró cómo deshacernos del peso, experimentar una nueva libertad y ganar una esperanza revivida en nuestro matrimonio y nuestra familia.

¡Con eso, comenzamos a reconstruir nuestras vidas sobre la roca (ya no en la arena), y bastante rápido la solución de Dios se convirtió en un punto de inflexión para nosotros! Experimentamos curación, restauración, un despertar de la vida espiritual, una renovada pasión por Dios y una nueva pasión el *uno por el otro*. ¡Qué divertido!

¿Cuál fue la carga nuestra, y por qué creemos que usted podría estar llevándola también? Se trata de la falta de espiritualidad intencional y regular como una pareja casada. Hay varias maneras de fomentar la salud espiritual en nuestros matrimonios. Específicamente nos dimos cuenta de que estábamos perdiendo un ingrediente fundamental de un matrimonio espiritualmente sano: orar juntos como marido y mujer.

LA PREGUNTA

La clave para deshacerse de la carga es formularse una pregunta esencial. Así que sea honesto cuando conteste. *Además de orar durante las comidas, cuando lleva a sus hijos o nietos a la cama, o en una reunión relacionada con la iglesia, ¿cuántas veces oran juntos usted y su esposa como matrimonio, solos los dos?*

Su respuesta probablemente no sea cómoda. Lo sabemos por la respuesta de nuestro propio matrimonio durante muchos años. Desde que nos hicimos por primera vez esa pregunta, también se la hemos planteado a innumerables parejas cristianas a través de múltiples culturas y contextos, y sabemos cuáles han sido sus respuestas. Nunca. Raramente. De vez en cuando. Casi nunca. No lo suficiente. Cuando es necesario. Resulta evidente que hay una gran grieta en los matrimonios, incluso en aquellos que llamamos "cristianos".

Aunque la oración es en última instancia un gran misterio,

hay muchas cosas que *sí* sabemos sobre ella. La oración es la comunicación con el Dios vivo. Y la oración produce cambios. Debido a que esas dos afirmaciones son ciertas, ¿cómo podemos llevar la oración de manera más vital a nuestros matrimonios?

Como esposos y esposas, ¿cómo podemos cubrir a nuestros hijos con oraciones eficaces? Orar empleando la parte superior de nuestra cabeza por lo general nos deja orando las mismas cosas de la misma manera una y otra vez. Nosotros sabemos que necesitamos ser más intencionales y más regulares en lo que respecta a la conexión espiritual en nuestros matrimonios. Sin embargo, a veces nos sentimos misteriosamente apartados de la misma cosa que necesitamos. Las lluvias, los ríos crecidos y los vientos que soplan se muestran implacables. Necesitamos un cimiento de roca sólida.

Esta afirmación no tiene por objeto hacerlo sentir culpable de ninguna manera. Sabemos que usted no necesita más culpa. ¡No, nuestra intención es que este libro le ofrezca esperanza! No obstante, es importante reconocer cómo hemos tropezado, porque tal admisión puede dar lugar al arrepentimiento de la mente y el corazón—al compromiso de alejarse de un pasado fallido—que nos dispone a experimentar cambios viables y duraderos. Lamentarnos por el pasado (o incluso el presente) no proporcionará motivación y transformación perdurables.

Necesitamos ver algo por delante: una visión de lo que podría ser. La oportunidad está madura para que esposos y esposas temerosos de Dios vean al Señor mostrarse de maneras muy reales. Basándonos en lo que hemos visto durante los últimos años, creemos que Dios está poniendo de manifiesto esta carga que afecta a la mayoría de los matrimonios cristianos, no para hacernos sentir mal con nosotros mismos, sino para que Él tenga la oportunidad de traer renovación a nuestras vidas y matrimonios.

Escondida en el corazón del libro de Joel, entre los profetas menores del Antiguo Testamento, se encuentra una verdad esperanzadora acerca de cómo el Señor puede traer su gracia para proveer una restauración bendita cuando elijamos volvernos a Él. Joel confronta al pueblo de Dios en Judá por medio de la realidad de una plaga de langostas que había devastado sus cultivos. En una sociedad agraria, esa pérdida tuvo consecuencias de largo alcance. El pueblo de Dios se encontró bajo la vara del juicio, sufriendo una gran pérdida. Sin embargo, Dios llama a su pueblo a despertar y clamar a Él, a desgarrar sus corazones y regresar al Señor. Luego, Dios declara: "Yo les compensaré a ustedes por los años en que todo lo devoró ese gran ejército de langostas" (Joel 2:25). ¡En su gracia, Él ofrece un futuro emocionante y lleno de esperanza!

En algunas estaciones de la vida, experimentamos el fracaso y sentimos que el tiempo se ha perdido. Quizás hasta han sido años los que se han consumido. Un gran enjambre de langostas ha descendido sobre los campos de nuestras vidas, familias y matrimonios. Sin embargo, Dios está declarando que en su gracia la cosecha perdida puede ser restaurada si nos levantamos, volvemos atrás y clamamos a Él.

Este libro comparte nuestra propia historia personal que resuena tanto con la dolorosa pérdida como con la restauración llena de esperanza que el profeta Joel describe. También mostramos un modelo y un camino para orar juntos en el matrimonio, el cual no solo es bíblico, sino también fácil de entender y poner en práctica. Conducirá a su matrimonio hacia una nueva dimensión de la intimidad espiritual. Orar juntos fortalecerá su matrimonio en medio de las tormentas de la vida y aumentará su capacidad para equiparse y protegerse el uno al otro. También le servirá para ayudar a sus hijos y nietos a vivir en Cristo. Impactará cada dimensión de sus vidas.

SOLO DIGA LA PALABRA

Dios hizo que la pregunta acerca de la frecuencia con que orábamos juntos como marido y mujer se convirtiera en la máxima prioridad en nuestro matrimonio. Y le damos gracias por haberlo hecho. Aunque nos habíamos dedicado al ministerio cristiano durante muchos años, no oramos juntos muy a menudo solo como marido y mujer. En las páginas que siguen, compartimos nuestra historia, de forma tal que al igual que nosotros, usted pueda avanzar con esperanza y decidir desarrollar una conexión espiritual fresca y vital en su matrimonio.

Empezamos primeramente a darnos cuenta de lo extendida que se encuentra esta necesidad cuando Sam escribió un libro corto para los hombres titulado *Just Say the Word: A Simple Way to Increase Your Passion for God and Your Wife* [Solo diga la Palabra: Una forma simple de aumentar su pasión por Dios y su esposa], en el cual les habló a los esposos cristianos, de hombre a hombre, sobre la falta de intimidad espiritual en la mayoría de los matrimonios. La respuesta al libro de Sam nos indicó que los maridos cristianos en todas partes llevaban la carga de saber que ellos no estaban a la vanguardia espiritualmente en sus matrimonios. No obstante, la mayoría de ellos no sabían qué hacer al respecto. Por una variedad de razones, simplemente se sentían atrapados.

Aunque el propósito de *Just Say the Word* era mostrarles a los esposos una forma práctica de volverse más intencionales y regulares en la conexión espiritual con sus esposas, descubrimos que otros factores también afectan la vitalidad de la intimidad espiritual en el matrimonio e influyen en cuán bien puede implementarse el "orar las Escrituras". Dios nos abrió muchas puertas para hablar a las vidas de las parejas a través de las iglesias, seminarios para hombres, emisiones de radio locales y nacionales, entrevistas y artículos en línea. Ya fuera en los Estados Unidos, Colombia o Rumania—en todos los lugares donde hemos ministrado personalmente a las parejas casadas—un camino se nos abría.

Debido a que nuestras misiones trabajan con el Ministerio e3 Partners, *Just Say the Word* tocó a muchos matrimonios alrededor del mundo, y los comentarios y opiniones han sido profundos y útiles. A fin de darles una muestra de lo que está sucediendo, hemos incluido comentarios de hombres y mujeres reales—y los resultados de su experiencia "orando juntos"—al comienzo de cada capítulo. La riqueza de los aportes que recibimos y los matrimonios "mejorados" que hemos visto nos han dado algunas ideas nuevas y notables que refuerzan la eficacia de orar la Palabra. Por eso hemos dado el siguiente paso para escribir este libro.

Debido a las interacciones con tantos matrimonios durante los últimos años, las dimensiones del mensaje de *Just Say the Word* se han ampliado y profundizado. Y ahora, con esa experiencia y nuestro propio crecimiento en progreso, Vicki trae a la luz la voz y la perspectiva de la esposa para darle forma a una dimensión más completa del problema. La premisa fundamental de que la herramienta de oración más eficaz disponible es la Palabra de Dios misma aun es la base de la que partimos, pero ahora hemos pasado a un nivel más profundo y a una audiencia más amplia en lo que respecta a las necesidades matrimoniales.

El propósito de Dios es la intimidad holística en el matrimonio. Los esposos y las esposas están destinados a relacionarse física, emocional y espiritualmente sin vergüenza el uno con el otro y con Dios. El camino que proponemos en este libro está destinado a llevarlos allí. Orando juntos, usando la Biblia como guía, alimentará una intimidad vital y satisfactoria.

Gracias por unirse a nosotros en el viaje. A lo largo del camino, lo exhortamos a que le pida a Dios que le hable a usted y su cónyuge. Pueden utilizar los ejemplos de oraciones al final de cada capítulo para empezar. Y que Dios bendiga el crecimiento de ambos como un solo ser.

ORACIÓN DE INICIO,
GUIADA POR MATEO 7:24–27

Por tanto, todo el que me oye estas palabras y las pone en práctica es como un hombre prudente que construyó su casa sobre la roca. Cayeron las lluvias, crecieron los ríos, y soplaron los vientos y azotaron aquella casa; con todo, la casa no se derrumbó porque estaba cimentada sobre la roca. Pero todo el que me oye estas palabras y no las pone en práctica es como un hombre insensato que construyó su casa sobre la arena. Cayeron las lluvias, crecieron los ríos, soplaron los vientos y azotaron aquella casa. Esta se derrumbó, y grande fue su ruina.

Padre, las palabras de Jesús resuenan verdaderas según nuestra experiencia. Ahora mismo en nuestras vidas estamos experimentando lluvias, ríos crecidos y vientos implacables en diferentes ámbitos. No queremos ser como el hombre insensato; no queremos construir nuestra casa sobre la arena. Sabemos que el resultado sería un colapso. ¡Queremos ser hombres y mujeres sabios, esposos y esposas sabios! Es fácil ver que lo que necesitamos es estar cimentados en tu roca firme, pero a menudo no sabemos cómo asegurar esos cimientos. Señor, háblanos y muéstranos una forma bíblica y sencilla de conectarnos espiritualmente en nuestro matrimonio, una forma de construir sobre la roca. En el nombre de Jesús, amén.

¿PARES MIXTOS O ARTES MARCIALES?

Recientemente invitamos a Sam y Vicki Ingrassia a compartir en nuestra conferencia su historia sobre la oración en el matrimonio. La respuesta a ese evento fue abrumadoramente positiva. Desde el momento en que el evento terminó hasta hoy, la gente ha expresado sus pensamientos compartiendo una historia sobre cómo la idea de orar con su cónyuge está afectando su relación. La gente se inspiró para hacer cambios y compromisos en sus matrimonios. Lo que personalmente he amado de este modelo de orar las Escrituras como marido y mujer es que no nos está llamando a realizar un gran acto, sino a dar un paso amoroso hacia la intimidad espiritual con nuestro cónyuge.

—PASTOR DAVID

DOS IMÁGENES, UNA RELACIÓN

Sı USTED HA visto algún programa olímpico de patinaje sobre hielo, probablemente ha escuchado los comentarios del ganador de la medalla de oro en patinaje masculino, el campeón Scott Hamilton. (La historia de Scott a favor de Jesucristo está en el sitio web iamsecond.com.) Nos reunimos con Scott en un evento del ministerio I Am Second [Yo soy segundo] en Dallas, donde escuchamos de primera mano el poderoso testimonio de su vida y su viaje con Cristo.

Nos dimos cuenta después de hablar con Scott que los pares mixtos del patinaje artístico ofrecen una analogía deliciosa e inspiradora para las parejas en un matrimonio. Los patinadores se deslizan sobre el hielo reluciente, armonizando cada movimiento con justo la música adecuada de fondo. Lado a lado, la unión y el flujo de los movimientos parecen no requerir esfuerzo. El hombre y la mujer cumplen cada uno sus roles de forma exquisita. Como un punto de anclaje, el hombre proporciona energía y dirección. Él levanta a su compañera con elegancia en el aire mientras la pareja gira a través de su escenario de hielo. El público jadea mientras él lanza a su pareja hacia delante para dar una vuelta doble o triple. Las hojas de sus patines encuentran el hielo, y ella aterriza con una sonrisa hipnotizante que desmiente la imposibilidad de la hazaña que acaba de completarse.

Sin embargo, a pesar de toda la fuerza del hombre y sus proezas atléticas, todos los ojos son están sobre la mujer y su impecable belleza. Adornada con solo el brillo suficiente y gran elegancia para resaltar su forma encantadora, su natural conexión con su pareja y su destreza hacen que sea difícil imaginarla en cualquier otro lugar. ¡Si la trascendencia de sus momentos en el hielo se tradujera a toda la vida, cualquier pareja como ellos sin duda experimentaría el cielo en la tierra! La imagen es extrema, sin duda, pero un extremo para ser adorado.

No obstante, con igual seguridad, existe un extremo opuesto. Tal vez haya visto matrimonios (¡o puede ser parte de uno!) que se parecen más a un encuentro de artes marciales. Las dos personas en el ring *no* son compañeros. Muy por el contrario... ¡son oponentes! No tienen la intención de trabajar juntos y, en realidad, se enfrentan entre sí para luchar. Ellos discuten y forcejean en una lucha de poder intensa e intencional, cada uno buscando una ventaja para superar al otro. Cada golpe o puñetazo estratégico tiene una meta: dominar al adversario y ganar. No hay armonía en el movimiento de esta pareja.

Una triste realidad es que la mayoría de nuestros matrimonios tienen ocasiones, o tal vez incluso temporadas, en las que nos sentimos más como adversarios que como compañeros. Durante estos tiempos delicados, palabras, expresiones, emociones y gestos desacertados dañan la relación.

Incluso en los matrimonios "buenos", las parejas rara vez conviven sin impedimentos indefinidamente. Podemos atravesar una temporada de armonía, pero una prueba se encuentra justo al doblar de la esquina. Y, afortunadamente, la mayoría de los matrimonios no reflejan solo las artes marciales extremas. La mayoría de nosotros estamos ubicados probablemente en algún lugar entre estas dos imágenes.

La pregunta es: ¿Cómo podemos salir del ring y trasladarnos hacia el hielo? ¿Cómo cada uno de nosotros puede ver a nuestro cónyuge menos como un oponente y más como un verdadero compañero?

Como cristianos, sabemos—al menos en teoría—que la intimidad espiritual es el combustible nuclear de nuestra relación con Dios y de los unos con los otros. No obstante, debemos encontrar un camino razonable y accesible para una conexión espiritual más intencional y regular. Necesitamos dirección, y algunas maneras de encontrar esa dirección son más eficaces que otras.

¿BRÚJULA O APLICACIÓN DE MAPAS?

Supongamos que usted quisiera ir de Dallas a Atlanta, pero solo tuviera una brújula para ayudarlo a encontrar el camino. Para empezar, vería a la aguja de la brújula oscilar debajo del cristal apuntando al norte verdadero, y entonces avanzaría en la dirección del "E". Al dirigirse hacia el este, podría con el tiempo llegar a Atlanta, si tiene suerte. Resulta evidente que, en un viaje como este, una brújula no es la mejor herramienta, porque solo indica una dirección general. Sin embargo, considere la diferencia que ofrece una aplicación de mapas como la de los teléfonos inteligentes.

Utilizando satélites y una tecnología móvil de precisión, una aplicación de mapas puede identificar su ubicación exacta. Luego, si introduce la dirección de su destino deseado y toca el botón "ruta"…¡la magia tecnológica se despliega! Al instante, un pin verde con un punto azul parpadeante muestra dónde usted se encuentra. Un marcador rojo aparece para localizar su destino. Una trayectoria azul conecta los puntos para mostrar exactamente qué caminos conducen a su destino. La mayoría de las aplicaciones dicen cuánto tiempo debe tardar hacer el viaje. Incluso puede elegir entre caminos alternos dibujados con precisión. Por último, si lo desea, una voz con el acento de su elección le dirá a dónde ir, paso a paso.

No obstante, a menudo los consejos espirituales que recibimos son más como una brújula que como una aplicación de mapas. Se nos anima a ir hacia un destino deseado a fin de lograr el crecimiento espiritual y la madurez, pero con demasiada frecuencia no se nos dice exactamente cómo llegar. Por ejemplo, se exhorta a los hombres a ser el líder espiritual de la familia y el matrimonio, pero no se le explica cómo hacer que esto suceda. Se alienta a las mujeres a someterse a sus esposos, pero nadie les explica cómo procesar los problemas molestos de sus corazones. Las exhortaciones bíblicas bien intencionadas que carecen de explicación pueden conducir fácilmente a la frustración, la culpa, y tal vez incluso a la desesperación. Parece que necesitamos una aplicación de mapas, no solo una brújula.

Es por eso que queremos darle un enfoque como el de la aplicación de mapas a la intimidad conyugal. Las relaciones matrimoniales están por todo el mapa, por así decirlo. Los esposos y las esposas deben enfrentarse a su ubicación actual y pensar seriamente en su destino deseado: una conexión espiritual y emocional más satisfactoria.

ORACIÓN JUNTOS

Porque donde dos o tres se reúnen en mi nombre,
allí estoy yo en medio de ellos.

—MATEO 18:20

Padre, te damos las gracias por nuestro matrimonio y nuestra relación contigo. Creemos que tú has creado el matrimonio como la relación entre un hombre y una mujer, y creemos que el matrimonio es el motor del hogar y la familia. Tu voluntad es que, apartando nuestra relación contigo, nuestro matrimonio sea la relación más personal y de más alta prioridad para cada uno de nosotros como esposo y esposa. El matrimonio es el vínculo más íntimo de dos personas en tu nombre, y tenemos la seguridad de que como estamos casados en tu nombre, tú te encuentras aquí con nosotros, día a día, momento a momento. Amén.

UNA CUERDA DE TRES HILOS

Me sentí muy agradecida de escuchar su mensaje; su testimonio me convenció profundamente. Verá, a través de su charla, Dios me mostró que yo no había estado guiando a mi familia, en especial a mi esposa, de la forma en que Él quería que lo hiciera. Después de la conferencia, me fui a casa y compartí su historia con ella. Entonces me disculpé con mi esposa, y hablamos sobre algunos de los problemas de nuestra familia. Ahora nos hemos comprometido a orar juntos todos los días; esto ha sido maravilloso para nuestro matrimonio. Estoy ansioso por contarles esto a los muchos hombres casados de mi iglesia. Le dejaré saber cómo nos va.

—JOHN

Después de hablar con usted el domingo, siento un nuevo sentido de propósito en mi matrimonio y mi caminar con Cristo. Paula y yo tuvimos nuestro primer tiempo de oración juntos ayer, el cual resultó más espontáneo de lo planeado, pero lo inicié y lo dirigí. Mientras nos tomábamos de las manos y orábamos, pude sentir al Espíritu Santo sobre nosotros. Estamos deseando pasar más tiempo juntos y esperando disfrutar de una mayor bendición en nuestro matrimonio y nuestra familia.

—RICK

¡La cuerda de tres hilos no se rompe fácilmente!

—ECLESIASTÉS 4:12

L A APLICACIÓN DE mapas de Dios para el crecimiento espiritual en su matrimonio consta de tres partes: el matrimonio en sí, la Biblia y la oración. Cuando todas trabajan juntas, su camino hasta el punto de destino de la intimidad y el bienestar espiritual está asegurado.

EL MATRIMONIO, EL PUNTO DE INICIO

Obviamente, usted debe estar casado para crecer en la intimidad con su esposa. Durante la mayor parte de la historia de la humanidad, la definición de matrimonio también era considerada algo evidente, pero más recientemente la gente ha tratado de oscurecer lo obvio. De modo que solo como aclaración: creemos que el matrimonio es la institución de Dios como se revela en la Biblia, una relación única y comprometida entre un hombre y una mujer que han consentido ante Dios en vivir juntos por la totalidad de sus vidas terrenales. El matrimonio es una relación íntima y exclusiva, y constituye el núcleo del hogar y la familia. Y es una relación íntima en cada aspecto del viaje de la vida.

Esta exclusividad y singularidad se demuestra por primera vez en la historia de la creación. La maravilla de la creación de Dios a través de los cielos y la tierra fue más que gloriosa. Dios mismo afirmó que cada resultado de su obra creativa "era bueno". Sin embargo, algo estaba faltando, quizás todo no era completamente bueno. Para ser específico: *alguien* faltaba. Adán, que fue diseñado a fin de tener una relación por medio del aliento de Dios, no tenía una compañía adecuada. Aunque Dios hizo desfilar al reino animal ante Adán, no se encontró una ayuda idónea para él, y Adán estaba consciente de su soledad. Dios, por supuesto, conocía el problema, y le explicó a Adán (y a nosotros) su necesidad: "No es bueno que el hombre esté solo. Voy a hacerle una ayuda adecuada" (Génesis 2:18).

El Gran Médico sumió a Adán en un sueño profundo y tomó una costilla de su lado. La costilla se convirtió en la materia prima para formar a Eva. Y así como Eva fue la obra creativa final de Dios, usted podría incluso decir que ella es la creación suprema. Las Escrituras afirman específicamente que es la ayuda y compañera perfecta que completa la imagen de Dios en Adán: "Y Dios creó al ser humano a su imagen; lo creó a imagen de Dios. Hombre y mujer los creó" (Génesis 1:27).

Dios le trajo a Eva a Adán para establecer la relación más singular que él experimentaría en la tierra. La soledad fue vencida:

> *Por eso el hombre deja a su padre y a su madre, y se une a su mujer, y los dos se funden en un solo ser. En ese tiempo el hombre y la mujer estaban desnudos, pero ninguno de los dos sentía vergüenza.*
>
> —GÉNESIS 2:24–25

El matrimonio no solo es el corazón de la familia, también es la relación que constituye el fundamento de la sociedad, la unión que provee el contexto adecuado para la procreación, y el escudo de provisión y protección que necesita cada generación sucesiva.

LA PALABRA DE DIOS, EL PUNTO DE REFERENCIA

La Biblia no es un libro ordinario. Es la Palabra inspirada de Dios de principio a fin. "Es viva y poderosa, y más cortante que cualquier espada de dos filos. Penetra hasta lo más profundo del alma y del espíritu, hasta la médula de los huesos, y juzga los pensamientos y las intenciones del corazón" (Hebreos 4:12). No obstante, algunas personas consideran la Biblia como un libro mágico que les ayudará a adquirir lo que quieren en la vida. Sin embargo, ese no es, enfáticamente, su propósito. La Palabra de Dios tiene la capacidad de penetrar el alma de hombres y mujeres. Puede hablarle a nuestros corazones, discernir nuestros pensamientos e incluso nuestros motivos. Usando las Escrituras, el Espíritu Santo puede guiar, condenar, convencer y enseñarnos en la intimidad de nuestra lectura y meditación personal. A medida que desarrollamos una intimidad con Cristo individualmente por medio de la Palabra de Dios, el mejoramiento de nuestra relación con Él no puede dejar de bendecir nuestros matrimonios, algo que discutiremos más detalladamente juntos aquí.

LA ORACIÓN, LA SEÑAL
DE TRANSMISIÓN

Una historia surgió en la internet (por lo que debe ser cierta, ¿no?) acerca de un bar que necesitaba agrandar su local. En respuesta, una iglesia cercana llevó a cabo una campaña de peticiones y reuniones de oración a fin de impedir la expansión del bar. Pese a todo, las autoridades locales aprobaron los permisos de construcción necesarios y la edificación avanzó. Alrededor de una semana antes de la gran reapertura, se desencadenó una gran tormenta y un rayo cayó sobre el bar y lo calcinó hasta los cimientos.

Como resultado de este "acto de Dios", los miembros de la iglesia se volvieron un poco presumidos, jactándose del poder de la oración. El dueño del bar, enojado, demandó a su vez a la iglesia por considerar que era "responsable en última instancia de la desaparición del edificio, a través de acciones directas o medios indirectos", pero la iglesia negó vehementemente toda responsabilidad o cualquier conexión con la destrucción del inmueble. Después de leer cuidadosamente la denuncia del demandante (el propietario del bar) y la respuesta del acusado (la iglesia), el juez abrió los procedimientos legales diciendo: "¡No sé cómo voy a decidir este caso, pero basándome en los documentos que tengo ante mí, al parecer aquí comparecen el dueño de un bar que ahora cree en el poder de la oración y toda una iglesia que no lo hace!". No estoy al tanto de quién ganó el caso, pero el punto del juez está bien expresado. La oración es determinante en la vida.

La oración significa comunicarse con Dios, conectarse con Él de una manera que creemos que puede cambiar las cosas en nuestra vida y a nuestro alrededor. La Biblia nos dice que Dios es *excelso*: majestuoso, más allá de todo lo que podamos imaginar, y completamente santo, separado. Dios vive en "luz inaccesible" (1 Timoteo 6:16), y ningún hombre puede ver su rostro. A través de las Escrituras, Dios nos dice que su presencia es tan gloriosa y majestuosa que el hombre no es capaz de soportarla; la misma mataría a los simples mortales. (Por ejemplo, en Éxodo 33, Dios esconde a Moisés en la hendidura de una roca mientras su gloria pasa, ya que Él sabe que Moisés no podría ser capaz de ver su gloria y vivir.) Debido a que el hombre es naturalmente impío, apartados de la persona de Cristo no tenemos ninguna posibilidad de establecer una comunión con Dios, y mucho menos de verlo. Dios es completamente santo y está separado del hombre. No obstante, Él es también inmensamente personal. ¡Dios conoce cada cabello de nuestra cabeza, cada pensamiento y las intenciones de nuestro corazón, y todavía nos ama! Aquel que te conoce mejor, te ama más que nadie.

Si usted supiera todo sobre nosotros, podría decidir que no le importamos mucho. ¡Sin embargo, en lugar de repelernos y rechazarnos como pecadores, Dios les llama a los creyentes en Jesucristo sus amigos! Y Él les ofrece esta amistad a todos. A través de la intimidad de conectarse personalmente con Dios en oración, las personas pueden tener comunión con Él, y mientras más nos conectamos con el Señor, más a su imagen llegamos a ser. Como 2 Corintios 3:17–18 declara:

> *Ahora bien, el Señor es el Espíritu; y, donde está el Espíritu del Señor, allí hay libertad. Así, todos nosotros, que con el rostro descubierto reflejamos como en un espejo la gloria del Señor, somos transformados a su semejanza con más y más gloria por la acción del Señor, que es el Espíritu.*

UNAMOS LA CUERDA

Así que están el matrimonio, la Escritura y la oración...y Dios es el autor y el proveedor de los tres. Uniendo estas tres fuentes de fortaleza de Dios se forma un poderoso cordón. Sin embargo, la intimidad espiritual falta en una gran cantidad de matrimonios. En particular, los esposos y esposas no oran mucho juntos. Podemos tener oraciones rutinarias durante las comidas o en grupos pequeños, pero buscar la oportunidad de venir ante el trono de la gracia de Dios como marido y mujer es a menudo algo insuficiente en la mayoría de los hogares. Sabemos que esta brecha no se debe a la falta de deseo. Es solo que la mayoría de nosotros simplemente no sabemos qué hacer para mejorar la conectividad espiritual en nuestros matrimonios.

No obstante, la respuesta está más cerca de lo que la mayoría podría imaginar. La Biblia es la guía más excelente para nuestras oraciones. El Espíritu Santo se presentará en nuestros matrimonios a través de su Palabra y nos mostrará lo que quiere que oremos juntos. ¡Al orar las Escrituras, nuestras oraciones pueden llegar a ser tan frescas como el flujo de la Palabra de Dios misma!

Durante demasiados años perdimos la conexión manteniendo los tres hilos separados entre sí. Oramos y estudiamos las Escrituras individualmente, pero no juntos. Cuando nos volvimos intencionales con respecto a entretejer los hilos separados de nuestro matrimonio, todo en nuestra relación, familia y ministerio cambió. Usted puede hacer este cambio también. Es exactamente por eso que creemos que Dios lo guió a elegir este libro.

ORACIÓN JUNTOS

Si el Señor no edifica la casa, en vano se esfuerzan los albañiles. Si el Señor no cuida la ciudad, en vano hacen guardia los vigilantes.
—SALMO 127:1–2

Señor, cuando Salomón escribió esta declaración, parece que lo hizo principalmente refiriéndose a la construcción de tu casa, el templo de Dios. No obstante, vemos que el principio también se aplica a nuestro matrimonio. Así que te pedimos que seas el Constructor de nuestro matrimonio y familia. Te pedimos que cuides nuestra casa. Nuestro sentir es evitar los vanos esfuerzos de intentar construir y velar por nuestra cuenta. ¡Tú eres el Señor! Amén.

NUESTRO GRAN DESPERTAR

Pude identificarme con algunos de los mismos problemas que Sam describió, y en un punto, me sentí abrumado por el sentimiento de que esto es lo que necesito hacer con mi esposa. Desde entonces, Sandy y yo hemos estado orando la Palabra, y ha sido bueno. En nuestra oración parece estar presente el poder que se manifiesta cuando "dos o tres se reúnen", y esto ciertamente nos ha acercado más además de reforzar mi función como pastor de mi familia.

—GREG

Gracias por compartir su experiencia matrimonial y la Palabra que el Señor les ha revelado. ¡Mi esposa y yo hemos aprendido mucho! Hemos comenzado a leer la Biblia juntos y a orar la Palabra de Dios. Decidimos empezar con el libro de Efesios. Estamos teniendo un tiempo extraordinario juntos. Acepto el reto de desafiar a otros hombres cristianos a orar con sus esposas. Eso está transformando mi matrimonio, y sé que hará lo mismo para otros también.

—PASTOR ALEXANDER

EN ESTA CASA *concedemos segundas oportunidades; somos reales; mostramos gracia; cometemos errores; nos disculpamos; nos damos abrazos; somos una familia; nos amamos.*

Una placa que cuelga en la pared de nuestro vestíbulo anuncia estos valores familiares esenciales. Y confíe en nosotros: hemos tenido muchas oportunidades a lo largo de los años para esforzarnos en vivirlos. Hemos llegado a saber que la gracia es el pegamento de las relaciones: con Dios, en el matrimonio, entre padres e hijos, entre hermanos, y con otros fuera de la familia. Francamente, no conocemos ninguna otra forma efectiva de abrirnos paso a través de los terrenos cenagosos de la vida. Todo el mundo va a tropezar en algún momento. A decepcionar. Fallar. Estropearlo todo. *Pecar.*

JUNTOS DE NUEVO

Creemos que Dios es un especialista en restauración. Los errores, fracasos, sufrimientos e incluso nuestros pecados se convierten en los bloques de construcción hechos a la medida de nuestras vidas. He aquí lo que Pablo nos dice en Romanos 8:28: "Ahora bien, sabemos que Dios dispone todas las cosas para el bien de quienes lo aman, los que han sido llamados de acuerdo con su propósito".

Cuando pensamos en la santidad de Dios, nuestra primera reacción es pensar que Él rechaza con severidad el pecado. Ciertamente, el pecado nos separa de Dios y nos condena ante Él—eso es teología exacta—pero tenga cuidado, porque no todo termina allí. Pese a que somos pecadores por naturaleza, actitud y acciones, Dios odia nuestro pecado, pero Él ama de manera absoluta al pecador. Romanos 5:6–8 es claro con respecto a esto:

> A la verdad, como éramos incapaces de salvarnos, en el tiempo señalado Cristo murió por los malvados. Difícilmente habrá quien muera por un justo, aunque tal vez haya quien se atreva a morir por una persona buena. Pero Dios demuestra su amor por nosotros en esto: en que cuando todavía éramos pecadores, Cristo murió por nosotros.

Y eso no es todo. Pablo continúa, expresándolo de un modo aún más serio, no sea que obviemos la verdad sublime:

> Y ahora que hemos sido justificados por su sangre, ¡con cuánta más razón, por medio de él, seremos salvados del castigo de Dios! Porque si, cuando éramos enemigos de Dios, fuimos reconciliados con él mediante la muerte de su Hijo, ¡con cuánta más razón, habiendo sido reconciliados, seremos salvados por su vida! Y no solo esto, sino que también

nos regocijamos en Dios por nuestro Señor Jesucristo, pues
gracias a él ya hemos recibido la reconciliación.

—ROMANOS 5:9–11

¡Dios es un Dios de reconciliación! Él busca convertir a sus enemigos en sus hijos. Esta transacción no fue casual ni simple desde la perspectiva de Dios. Su justicia exigía el pago por los pecados que nosotros, sus enemigos, cometimos, pero en su amor sacrificaría a su Hijo Jesús a fin de hacer posible esta reconciliación. Por medio de nuestra fe en Jesucristo, nos regocijamos como hijos e hijas de Dios que están seguros en sus manos. Este es el fundamento firme del evangelio, el cual sostenemos como la confesión más básica de nuestra fe. El amor reconciliador de Dios no solo conduce a los creyentes en Cristo a cruzar la puerta estrecha del Reino de Dios, sino que también nos guía durante la jornada por el camino estrecho a través de los altibajos de nuestra vida.

¿Qué significa esto? Significa que el pródigo puede volver a casa. Cuando pecamos, tenemos un Abogado. Si estamos siendo arrastrados hacia el camino amplio que conduce a la destrucción, Dios puede rescatarnos de la corriente rápida y llena de remolinos. Las piezas rotas pueden ser reunidas y ensambladas. El ofensor y el ofendido pueden reconciliarse. El culpable puede ser perdonado. La luz ilumina los lugares oscuros. Esto incluso significa que Dios puede restaurar lo que tal vez se haya perdido en el camino.

Dios nos extiende su gracia desde el principio de nuestro caminar con Él y durante todo el viaje. Y su misericordia es para que la compartamos. Dios no solo quiere darnos cosas buenas *a* nosotros, sino compartirlas *a través* de nuestra vida. La gracia que recibimos no es para que la guardemos toda para nosotros mismos. La debemos compartir con otros. Sin embargo, este acto de compartir puede ser la parte más difícil. Hemos sido heridos, decepcionados, traicionados, desilusionados, y tal vez incluso nos han mentido. Es posible que no hayamos recibido mucha gracia de otras personas, así que necesitamos invocar a Dios para que nos llene con su gracia para que, por medio de nosotros, Él pueda extenderla a los que nos rodean.

Gran parte de nuestra historia es acerca de cómo esta gracia llegó a nuestro matrimonio cuando más la necesitábamos. Permítanos contarle cómo esto ocurrió.

LA HIJA PRÓDIGA

El día después de Pascua en marzo de 2008, nuestra familia presenció un milagro fenomenal de Dios. Nuestra hija mayor, Christina, se había alejado del Señor hacia el camino espacioso que conduce a la destrucción (Mateo 7:13–14). Este viaje desgarrador abarcó una buena parte de sus últimos años de adolescencia, continuó a lo largo de la universidad, y se extendió a sus primeros años como una adulta joven.

Nos esforzamos para criar a nuestras tres hijas de la mejor manera que sabíamos y proclamar a Cristo ante ellas. Fuimos a la iglesia regularmente. ¡Por cierto, Sam era un pastor asociado! Nuestras hijas asistieron a la escuela dominical, los grupos de jóvenes, los campamentos de verano y cuanta actividad hubiera.

Usted puede saber de lo que estamos hablando. Tal vez ha experimentando alguna temporada en el "camino espacioso" en su propia vida. O tal vez está sufriendo ahora mismo debido a los desatinos de un hijo rebelde. Ha hecho todo lo que sabe hacer como un padre cristiano. Trató de ser un modelo adecuado a seguir como creyente en Jesucristo, pero *aun así*, la realidad es que nuestros hijos y nietos en última instancia necesitan "poseer su propia fe".

Al igual que sucedió con cada uno de nosotros cuando éramos jóvenes, nuestros hijos aprenden más sobre asimilar verdaderamente la fe en el Señor al enfrentar los problemas. Algunas personas parecen necesitar "probar sangre, sudor y lágrimas" a fin de apropiarse de su fe, y el camino espacioso es muy bueno para satisfacer esa necesidad. Por un complejo conjunto de razones, Christina terminó en un lugar realmente malo. Ella nunca renunció a Jesucristo, pero se alejó mucho de Él.

Entonces, un día maravilloso en el año 2008, Christina dramáticamente regresó al Señor en profundo arrepentimiento. Dios irrumpió en el centro de su atención y se movió poderosamente en su corazón. Ella en verdad se rindió a Él y se embarcó en lo que se ha convertido en una transformación completa de su vida. Ahora está buscando en serio caminar con Dios.

Un querido amigo nuestro, que vio la victoria de Dios en la vida de su hijo rebelde, nos dijo: "Cuando estos chicos van allá afuera, lejos de Dios, y luego Él los trae de vuelta, no vuelven normales. ¡Ellos regresan convertidos en guerreros!". Eso describe exactamente lo que Dios hizo por Christina, y estamos profundamente agradecidos por su prodigioso milagro lleno de gracia en nuestra familia.

Permítanos declararle también a usted la maravillosa verdad que le dijimos a Christina la noche que vino a casa: Dios lo compensará "por los años en que todo lo devoró ese gran ejército de langostas" (Joel 2:25). También le dijimos que si enfocaba su atención en el Señor, y se acercaba a Dios, Él se acercaría a ella (Santiago 4:7–8). Y que Dios podría acelerar su sanidad y crecimiento. En realidad, Él la restauró a donde ella podría haber estado en lo que respecta a la madurez espiritual—quizá incluso superó ese lugar—específicamente porque había estado en el infierno y regresó. ¡Dios no desperdicia nada!

Nos gustaría poder decirle que luchamos fielmente en oración por Christina durante esos años rebeldes. Por supuesto, oramos por ella, pero con honestidad, no como deberíamos haberlo hecho. No obstante, Dios incluso usó nuestro fracaso para traer transformación y frutos. Él usa todo en nuestra vida para enseñarnos y establecer un cimiento firme como la roca bajo nuestros pies. ¡Alabamos a Dios por esta gracia! Y en particular, por la reconciliación que selló en la vida de Christina y nuestra familia. En verdad, la experiencia de esta larga prueba en nuestra familia se convirtió en uno de los bloques de construcción a fin de escribir este libro.

¿Cómo?

ME HAS FALLADO

Un letrero justo que usted podría ponerle a cada matrimonio es "en construcción". Mantener la unidad en el matrimonio es como dispararle a un objetivo en movimiento, en gran medida porque las etapas de la vida nos enfrentan continuamente a nuevos desafíos como:

* ajustes de recién casados;
* cuidar de bebés y niños pequeños (¡24/7!);
* enfrentar los pruebas de una posible infertilidad;
* encontrar el equilibrio en la crianza de los adolescentes;
* administrar los años de universidad y los costos correspondientes;
* altibajos del envejecimiento y la salud;
* condiciones financieras inciertas;
* inestabilidad con el empleo en tiempos económicos inseguros;
* movimientos geográficos;
* manejar pruebas, problemas y tentaciones;
* atender a padres ancianos y enfermos;
* y así sucesivamente.

¡La vida es real, difícil y desafiante!

Nosotros estamos terminando nuestro cuadragésimo aniversario de bodas, y en cierta forma no tenemos idea de a dónde se han ido todos esos años. Debido a que llegamos a la fe personal en Jesucristo al mismo tiempo durante nuestros días de universidad, hemos viajado juntos la vida cristiana. Hemos deseado mucho tener un matrimonio centrado en Cristo. Sin embargo, la faceta "en construcción" significa que nuestro vínculo tripartito con Dios es una relación continua y *en crecimiento* que se encuentra en progreso.

Estar en construcción nos trajo a nuestro encuentro con *la* pregunta: una fecha fatídica en la providencia de Dios que ambos recordamos muy bien. Habíamos tropezado con un bache en nuestro matrimonio. Un número de problemas pululaban a nuestro alrededor, avivando el estrés y la tensión. Las dificultades habían afectado muchos aspectos de nuestras vidas y nuestro matrimonio, y las cosas estaban bastante confusas.

Reflexionar sobre nuestra situación nos trae a la mente una simple analogía para lo que estábamos atravesando. Sam ama la pesca del róbalo y es un pescador aceptable, pero a veces un mal lanzamiento puede provocar que la línea de pesca retroceda y se enrede, formándose algo parecido a un nido de pájaro. Cuando eso sucede, como cualquier pescador sabe, usted habrá acabado con la pesca por un rato. Desenredar toda esa maraña es una tarea frustrante y que consume mucho tiempo.

En nuestra temporada estresante, nuestra línea matrimonial había retrocedido y estaba enredada. Más de una vez nos sentamos en la sala y hablamos durante horas, intentando resolver lo que nos sucedía. "¿Qué es lo que está pasando aquí?", tratábamos de averiguar. Finalmente, durante una de nuestras conversaciones, una realidad inquietante surgió en el corazón de Vicki.

"¿Sabes qué, Sam?", dijo. "Parte de lo que está ocurriendo entre nosotros se debe a que siento que... *tú me has fallado*".

Las palabras sacudieron nuestro mundo. Estaban lejos de ser normales para Vicki. Cuatro palabras penetrantes y poderosas: "Tú me has fallado". ¡Cada una era un cohete que estallaba!

La admisión de Vicki no era resultado de una amargura de muchos años, sino de una comprensión que finalmente salió a la luz para ella. Vicki continuó: "Me fallaste porque, durante el largo viaje de Christina por el camino espacioso, no oraste conmigo para luchar constantemente por su alma durante todos esos años. En gran medida sentí que tenía que hacerlo por mi cuenta".

Esto no significaba que nunca hubiéramos orado juntos por nuestra hija, pero sí que Sam, como marido y padre, no había proporcionado el liderazgo espiritual y la iniciativa en nuestro matrimonio para orar de manera constante por nuestra hija rebelde. Deberíamos haber sido mucho más intencionales y regulares con el arma de la oración para luchar por el alma de Christina. ¡Vicki tenía toda la razón!

En el centro de las dificultades que atravesábamos se encontraba la dolorosa realidad de que nuestras hijas se enfrentan a una serie de problemas graves en sus vidas. Vicki estaba agobiada por el hecho de que, como sus padres, necesitábamos orar juntos por esas cuestiones. Además, Vicki siguió diciendo: "Estoy emocionalmente cansada y exhausta. Ya no puedo hacer esto sola".

Sin embargo, ni siquiera eso era todo.

"Sam", afirmó, "más allá de orar por nuestras hijas, el hecho es que necesito conectarme más contigo *espiritualmente*".

Vicki tenía razón. Necesitábamos compartir la vida espiritual juntos. Hasta cierto punto lo hacíamos, pero mirando hacia atrás, describiríamos nuestra vida espiritual como "un contacto al azar". Orbitábamos aquí y allá hacia la conexión espiritual íntima, y aunque íbamos a la iglesia regularmente, orábamos en las comidas, hablábamos de un sermón que escuchamos y compartíamos percepciones espirituales, nuestra interacción carecía de propósito e iniciativa. La pieza faltante era la conexión intencional y constante al orar juntos. La falta de unidad espiritual era una carga para ambos.

LA VISIÓN ESPERA

Habacuc, el profeta del Antiguo Testamento, se quejó mucho ante Dios. Él pensaba que Dios debía aparecer y resolver toda la estupidez y el pecado, los cuales eran desenfrenados entre su pueblo. Los reclamos continuaron hasta que Dios finalmente sorprendió a Habacuc al anunciar que estaba preparando a los babilonios para traer juicio sobre los israelitas. En Habacuc 2:3, Dios explicó acerca del momento oportuno: "Pues la visión se realizará en el tiempo señalado; marcha hacia su cumplimiento, y no dejará de cumplirse. Aunque parezca tardar, espérala; porque sin falta vendrá".

¿Ha captado la frase: "Pues la visión se realizará en el tiempo señalado"? Este versículo habla de la soberanía de Dios. En *su* momento, Dios mostrará lo que sucederá.

Cuando la luz se enciende en nuestras vidas, no suele suceder porque aprendemos una nueva información. A menudo, ya tenemos la información y lo que necesitamos es la visión de cómo el Señor nos despierta y capta nuestra atención a través de un suceso particular o una temporada de la vida. Según el misterio de la soberanía de Dios, la visión reveladora se produce en su "tiempo señalado".

A veces creemos que el momento oportuno de Dios es bastante inadecuado, ¿no? Pero nosotros no somos Dios, y con frecuencia, solo Dios entiende las razones de su tiempo. En ocasiones, tenemos una idea del "porqué", pero a menudo nos encontramos en la oscuridad. Esperar es un llamado a que confiemos en Él.

CULPABLE

En realidad, la confrontación ese día no provenía de Vicki, sino del Señor. Mientras todas las acusaciones y el dolor brotaban del corazón de Vicki, Sam levantó literalmente sus manos, como si estuviera bajo arresto, y exclamó: "Culpable...¡culpable!". Él reconoció la visión reveladora de Dios y su tiempo. La convicción de Dios cayó pesada y apropiadamente.

Los sentimientos de "todo no marcha bien" que habíamos estado teniendo eran una alarma sonando, tratando de despertarnos—especialmente a Sam—para ver nuestra necesidad de conexión espiritual. No obstante, nosotros—especialmente Sam de nuevo—volvíamos a silenciarla una y otra vez, pues solo así podríamos seguir adelante con la vida. Finalmente, la alarma sonó con tal fuerza y volumen que golpear el botón de repetición ya no era una opción. Sam se quebrantó y confesó: "Esto apenas resulta suficiente para cubrir el alcance de lo que estamos hablando aquí, pero quiero decirte que lo siento. ¡Con todo mi corazón, lo siento *mucho*!".

NUNCA MÁS

Es maravilloso percibir la gracia de Dios. Como la visión reveladora que llevó a la convicción y el arrepentimiento cayó simultáneamente, Sam abrazó una firme resolución.

"¿Sabes qué, Vicki?", anunció. "¡Por la gracia de Dios, prometo que esto no volverá a suceder!".

Sus palabras llevaron el peso de los votos que habíamos intercambiado en el altar de bodas años antes.

"Dentro de las limitaciones y realidades razonables de la vida, vamos a orar juntos lo mejor que podamos", proclamó. "Sé que la vida está muy ocupada y es impredecible, como un objetivo en movimiento, pero la oración diaria juntos será el objetivo. Y voy a tomar la iniciativa en lo que respecta a comenzar. Prometo ser intencional".

DECIR LA PALABRA

Dos dones de Dios cayeron en nuestra sala esa tarde. Uno fue el don del arrepentimiento, y el otro el regalo de la visión reveladora. El Señor instantáneamente nos mostró *cómo* íbamos a hacer este trabajo.

Sam sintió que Dios le hablaba a su corazón: "Sam, ora *mi Palabra* con Vicki". ¡Esa fue nuestra solución! Ese sería el camino que podríamos seguir hacia adelante. Decidimos orar la Biblia. Accederíamos a que las Escrituras fueran la guía—el patrón—para nuestras oraciones. Resolvimos seguir intencionalmente la Palabra de Dios en nuestras oraciones. Nosotros "oraríamos las Escrituras".

Sam continuó: "Leeremos un párrafo de la Biblia juntos, veremos lo que el Espíritu Santo le habla a nuestros corazones, y luego dejaremos que el texto de la Biblia sea la guía para lo que oraremos en respuesta a Dios. Seguiremos los pasos de las Escrituras a fin de que nos ofrezca las ideas y el contenido para nuestras oraciones. Luego oraremos por algunas de las otras cosas que tenemos inmediatamente entre manos en nuestras vidas—familia y ministerio—y eso es todo. Seremos breves, y entonces estaremos en nuestro camino".

¿Y sabe qué? ¡Resultó increíble!

NO LO SUFICIENTE ESPIRITUAL

A menudo, no nos sentimos lo suficiente creativos o espirituales como para orar con la misma persona todos los días o de forma regular. No estamos seguros de cómo conmover los cielos con las alabanzas correctas, las ideas espirituales y las intercepciones sagaces. Sabemos que probablemente terminaremos orando cada vez en esencia por las mismas cosas de la misma forma. ¡Tenemos miedo de aburrir a nuestro compañero de oración, a nosotros mismos, o quizás incluso hasta a Dios!

No obstante, siguiendo la Palabra de Dios y dejando que la Biblia provea el texto de nuestras oraciones, Dios se encargará de mantener las oraciones frescas. ¡Seremos tan creativos y abarcadores como la Biblia misma! Lo que es más, nuestras oraciones darán "en el blanco"—contendrán la Palabra y la voluntad de Dios para nuestras vidas, familias y ministerios—de una forma nueva y poderosa. Con la Biblia como libro de oraciones, no podemos dejar de orar en y por la voluntad de Dios.

ORACIÓN JUNTOS

Por lo tanto, ya que en Jesús, el Hijo de Dios, tenemos un gran sumo sacerdote que ha atravesado los cielos, aferrémonos a la fe que profesamos. Porque no tenemos un sumo sacerdote incapaz de compadecerse de nuestras debilidades, sino uno que ha sido tentado en todo de la misma manera que nosotros, aunque sin pecado. Así que acerquémonos confiadamente al trono de la gracia para recibir misericordia y hallar la gracia que nos ayude en el momento que más la necesitemos.
—HEBREOS 4:14–16

Señor, sentimos consuelo al saber que tú nos comprendes y muestras empatía hacia nuestras debilidades. Somos bendecidos con la confianza de que Jesús ha ido al cielo antes de nosotros como nuestro gran Sumo Sacerdote y que somos capaces de venir delante de tu trono juntos. Te agradecemos que tu trono esté caracterizado por la gracia, de modo que podamos acercarnos con seguridad ante ti. No tenemos que mostrarnos vacilantes o temerosos, sin importar los conflictos o problemas que experimentemos en nuestra vida, porque Jesús ha ido delante de nosotros y Él abre el camino como nuestro Gran Sumo Sacerdote. ¡Amén!

DISEÑADA PARA LLEVAR Y ESPERAR

(TESTIMONIO DE VICKI—PARA MUJERES, PERO LOS HOMBRES TAMBIÉN SON BIENVENIDOS.)

Desde que le escribí hace casi dos años, mi esposo Dave y yo hemos continuado orando y leyendo las Escrituras juntos. Hemos leído y orado a lo largo de muchos libros del Nuevo Testamento y recientemente hemos comenzado el libro de Mateo. Dios es muy fiel mientras continúa acercándonos el uno al otro como pareja, y lo más importante, llevándonos más cerca de Él. Ninguno de nosotros soñó jamás que podríamos ser capaces de leer las Escrituras y orar en voz alta juntos. Personalmente, le doy a usted las gracias y alabo a Dios porque está usando este mensaje para "hacer avanzar su reino" en una pareja de mediana edad en Iowa. ¡Gloria a Dios!

—DAWN

DIOS DISEÑÓ EXCLUSIVAMENTE el cuerpo de la mujer para llevar y dar a luz a los niños. Este es un privilegio divino, así como una responsabilidad.

A veces las mujeres dicen que no están "listas para tener hijos", pero yo (Vicki) sugiero que rara vez estamos listas para hacer mucho de lo que Dios nos llama a hacer. Aun así, Él providencialmente trae muchas cosas a nuestras vidas con la intención de desarrollarnos paso a paso a lo largo del viaje.

EN TRANSICIÓN

Hace algunos años me paré frente a mi espejo del baño. Mirando mi reflexión, elevé una oración desesperada a Dios: *Estoy realmente cansada de esperar a que mi esposo entienda que tengo necesidad de que ore conmigo. Normalmente, soy yo la que inicia o sugiere: "¿Podemos orar sobre este o aquel tema?". ¡Siento que le estoy rogando que haga algo que debería estar haciendo! ¿Por qué siempre es así? ¿Cuánto tiempo necesito esperar? Parece como si estuviera dormido al volante. Después de todo, ¿no es eso parte de ser la cabeza de nuestro hogar? Empiezo a dudar de que esto suceda alguna vez en nuestro matrimonio. Empiezo a sentir resentimiento hacia él, y confieso que también estoy enojada contigo, Dios.*

Poco después de esa oración, me di cuenta de que estaba espiritualmente "en transición".

En la terminología del parto, la transición se define como la fase del alumbramiento que antecede al nacimiento del bebé. En la transición, el dolor y la presión alcanzan su punto máximo. Al dar a luz a nuestras tres hijas, la fase de transición de mi trabajo de parto varió de varios minutos a dos horas. Comparada con algunas mujeres que tienen períodos de transición mucho más largos, supongo que fui afortunada. ¡No obstante, sin importar cuánto tiempo dure, la transición no es divertida!

Mientras permanecía de pie ante el espejo ese día, me sentí como si hubiera estado llevando algo en el reino espiritual durante años. La duda anulaba cualquier esperanza de que, sea lo que fuere, naciera a la realidad, y yo le achaqué la culpa directamente a mi esposo y a Dios.

Aunque derramé mi corazón ante el Señor, todavía me sentía tan lleno de emociones que podría estallar. Sin embargo, Dios estaba a punto de darme una percepción importante. Solo necesitaba dejar de hablar el tiempo suficiente para escuchar.

A veces cuestiono si Dios me está hablando o no, pero cuando pienso que he oído algo que no podría imaginar en mi día más creativo, sé que proviene de Él. Así que, cuando hice una pausa después de mis desvaríos ese día, mi espíritu oyó algo que mi mente nunca ha podido olvidar, y esa percepción me colocó en un nuevo camino. Incluso me capacitó para atravesar esa fase de transición particular con la perspectiva de Dios. He aquí lo que creo que Dios me mostró acerca de mis circunstancias ese día: *Cuando creé a Eva, puse a Adán a dormir. ¡Cuando haya terminado de formarte a ti, Vicki, voy a despertar a Sam!*

Aunque nunca he sido golpeada por un rayo, el impacto de estas palabras íntimas del Señor me electrificó. El efecto fue energizante, intenso, transformador e ilustrativo. Fue mi zarza ardiendo, mi camino a Damasco...¡Dios tenía mi atención!

¿MUCHA ESPERA, POCA ESPERA, O SOLO LA CORRECTA?

Después de cuarenta largos años, es fácil imaginar que Moisés podría haber renunciado a cualquier idea de que ayudaría a liberar a los hebreos de los egipcios. Sin embargo, cuando Dios estuvo listo—en el momento justo—la espera terminó. Dios le habló a Moisés a través de una zarza que estaba envuelta en llamas, pero no se consumía. El mensaje del Señor habilitó a Moisés para hacer cosas extraordinarias, porque sabía que Dios ahora estaba a cargo. Cualquier tarea humanamente imposible solo puede cumplirse con el toque de nuestro Dios sobrenatural.

Al igual que a Moisés frente a la zarza ardiente, Dios me dijo la verdad el día que me enfrenté a mí misma en el espejo, y me dio una nueva esperanza. Durante años, el deseo de que mi esposo orara conmigo distrajo mi atención del propósito más amplio del tiempo oportuno y el poder de Dios. Mi enfoque había estado yendo del fracaso de mi esposo a mi decepción. Por supuesto, tuve momentos en los que probaba la fidelidad de Dios en cuanto a contestar mis oraciones, pero mayormente había perdido mi estabilidad emocional, y me quedaba enojada y frustrada como resultado de intentar estabilizar mis sentimientos con mis propias fuerzas.

Nadie podía realmente ver la agitación dentro de mí, pero a veces se derramaba en miradas ásperas y palabras de crítica. Ya sabes lo que dicen: "¡Si mamá no es feliz, nadie es feliz!". Ya sea que nos guste o no, como mujeres casadas, somos los termostatos de nuestros hogares.

Dios diseñó esta influencia femenina para que fuera una fuerza constructiva en el matrimonio y la familia. Cuando nos sentimos afectuosas y cómodas, todo está bien. No obstante, cuando estamos llenas de resentimiento y decepciones, las cosas pueden ir bastante mal.

Cuando Dios le habló a mi corazón ese día, me pregunté cuánto tiempo tendría que esperar para que el deseo de mi corazón se hiciera realidad. Él estaba reajustando la visión de mi corazón para tener una perspectiva más amplia, y yo necesitaba ver lo que el Señor haría. Dado que la oportunidad no se había presentado para mi satisfacción todavía, me di cuenta de que Él aún le estaba dando algunos toques finales a mi persona. Esto no quiere decir que el asunto se relacionaba solo conmigo y que yo era el único problema. Sin embargo, Dios despertó en mí la comprensión de que Él sabía exactamente dónde nos encontrábamos mi esposo y yo en ese momento... y de que Él todavía estaba trabajando en mí en esta fase de transición dolorosa. Simplemente buscó mi cooperación y paciencia hasta que llegara su momento oportuno.

Moisés aprendió de la manera difícil que Dios estaba en control de todos los momentos oportunos. Cuarenta años en el desierto es mucho tiempo. Aunque no había estado en mi desierto una temporada tan larga, mi tanque de esperanza estaba cerca de quedarse vacío. Sin embargo, gracias al tiempo "perfecto" de Dios y a mi nueva perspectiva sobre su obra, mi tanque empezó a rellenarse.

PONLA EN LA CESTA

Otro pensamiento vino a mi mente durante esos momentos en el espejo. Dios remontó mis recuerdos a una lección que me enseñó años antes: esperar también implica dejar ir. Recordé cuando Christina tenía dieciocho años y atravesaba la difícil temporada que describimos en el capítulo anterior. Ella estaba caminando por el camino espacioso que lleva a la destrucción, como Jesús lo describe, y como un resultado de sus problemas, yo misma no estaba haciendo las cosas tan bien. La ansiedad me devastaba.

Como parte de nuestro ministerio con e3 Partners, Sam y yo teníamos programado dirigir un viaje misionero a corto plazo a Rumania, pero sentía que si salía del país—aunque solo fuera por una semana—estaría abandonando a Christina. El hecho de que me quedara no la hubiera ayudado, pero yo seguía aterrada por abandonar el país.

Una noche antes de nuestra partida en la que no podía dormir, estaba luchando con mis propias emociones...y con el Señor. Unas horas antes del amanecer me encontraba en nuestro patio, retorciéndome las manos mientras caminaba y oraba cerca de nuestra pequeña piscina.

"No puedo hacer esto, Señor. ¡Si no me das algo de paz con respecto a este viaje, no voy a dejar a mi hija!".

Dejé de caminar y sentí el silencio envolviéndome. Y luego cuatro palabras simples susurradas en mi corazón: "Ponla en la cesta".

Por fe, la madre de Moisés colocó a su bebé de tres meses en una cesta de papiro recubierta de alquitrán y brea y lo colocó entre las cañas del río Nilo. Dios simbólicamente me impulsó a hacer igual con Christina. Necesitaba ponerla en la "cesta" de Dios y dejar que Él cuidara de ella.

La madre de Moisés no tenía idea de cómo terminaría la historia de su hijo. ¡Ciertamente, ella no podría haber imaginado quién llegaría a ser su bebé y cómo sería ungido por Dios para dirigir el gran éxodo de Israel desde Egipto a través de las aguas divididas del mar Rojo! Todo lo que podía hacer era obedecer las instrucciones de Dios. Tuvo que haber sido una mujer de gran fe. La cesta de papiro representaba las manos, el corazón y la providencia de su Dios. No importaba qué criaturas o corrientes pudieran amenazarlo en el Nilo, ella puso al bebé Moisés en el mejor lugar posible: al cuidado de Dios.

¿Podría yo haber seguido estas instrucciones? ¿Podría liberar a un bebé dependiente e indefenso en un ambiente hostil y confiar en que Dios lo cuidaría? Mi hija no era una bebé, pero se encontraba en un entorno tan hostil como cualquier otro que pudiera imaginar. Sin embargo, Dios me desafió a dejarla ir, a confiar en Él por medio de un acto de la voluntad que con un poco de esperanza convencería a mi corazón a seguir.

Así que entregué simbólicamente a mi hija al cuidado de su Padre celestial y la liberé de los cuidados de su madre terrenal. La paz vino sobre mí, y supe que el Señor me había dado la gracia para seguir su dirección. La paz me liberó para disfrutar del viaje misionero, pero lo más importante, continuó durante un tiempo largo y oscuro para Christina. Aunque hubo altibajos en los próximos años, la experiencia con Dios esa noche me dio un punto de referencia al que podría acudir y recordar mi compromiso: que la puse en la cesta.

Tanto en el patio sintiéndome preocupada por Christina como en el espejo del baño molesta con Sam, Dios quería que me reenfocara y liberara: que me reenfocara en sus tiempos y promesas, y que liberara mis deseos de su fidelidad y propósito. De la transición al nacimiento tomó unos diez años, y créame que no fue fácil recorrer todo el camino, pero leer acerca de Dios formando a Eva durante el sueño profundo de Adán cambió la dirección de mi enfoque y el contenido de mis oraciones con respecto a mi esposo.

NO SE INTERPONGA ENTRE SU ESPOSO Y DIOS

Mientras Dios dirigía la luz del reflector hacia mí, me acordé de algo que me mostrara años antes que había olvidado y no había logrado poner en práctica. Esto sucedió una y otra vez cuando yo había estado señalando lo que consideraba eran las deficiencias de Sam.

Mi pensamiento se ha visto muy afectado por un problema que he descubierto al hablar con numerosas mujeres a lo largo de los años. Parece que nosotras compartimos una debilidad común. En realidad, es más que una debilidad. Se trata de una *maldición*.

Después de que Adán y Eva desobedecieron la prohibición de Dios de comer del árbol del conocimiento del bien y del mal, Dios estableció dos consecuencias para Eva, según se registra en Génesis 3:16: (1) dolores en el parto y (2) deseo por su esposo. Podemos entender fácilmente la primera consecuencia, pero la segunda puede ser un poco confusa. Una de mis mentoras me aconsejó acerca de este versículo hace algunos años. Ella me comentó que el "deseo de tu marido" no era de naturaleza sexual y física, sino era un deseo de autoridad...¡para gobernar sobre él! Así que las mujeres son maldecidas con la propensión a buscar el dominio sobre su marido.

He luchado con esto y he visto a otras mujeres de todas las edades, culturas y contextos luchar con lo mismo también. Tenemos una predisposición, una atracción innata, una tendencia natural a querer decirles a nuestros maridos qué hacer; a "ser la madre de ellos", si se quiere. En realidad, actuar así es a menudo nuestra primera respuesta en las situaciones del hogar y el matrimonio.

En mi caso, fui llevada hasta el vórtice de ese deseo similar al de Eva. No solo estaba intentando decirle a mi esposo cómo desenvolverse, sino que a veces he intentado dirigir el universo aconsejándole a Dios qué hacer y cuándo. Una vez que por fin recuperé la sensatez, me vi parada entre Dios y Sam, señalándolos con el dedo a cada uno de ellos. Así que decidí que una mejor postura para mí sería dejar de interponerme entre ellos y más bien ponerme de rodillas. Necesitaba dejar que el problema fuera directamente entre Dios y Sam.

¡Dios usó este período de espera para modelar *mi* carácter, mis palabras, mi corazón y mi visión! Me liberó para orar y esperar con una perspectiva diferente sobre Sam, porque lo había entregado en las manos de Dios. Ya no oraba para que Sam "lo captara" y aliviara lo que yo egoístamente había visto como mi miseria. En cambio, mientras oraba, me percibía de rodillas, fuera del camino, dándole permiso a Dios para que me moldeara. Dejé que Dios obrara en mí hasta que Él decidiera despertar a mi esposo.

LA LUZ DEL SOL VERSUS LA LUZ DE LA LUNA

La luz del sol y la luz de la luna tienen la misma fuente, pero producen resultados drásticamente diferentes. Enormes reacciones químicas dentro del sol generan una luz que atraviesa casi 93 millones de millas (cerca de 150 millones de kilómetros) de espacio para irradiar sobre nuestro planeta, causando el crecimiento del reino vegetal. La luna, por otra parte, es simplemente un satélite de la tierra y no genera luz propia. La fuente de su luz es el sol, pero la luz solo se *refleja* desde el sol, de modo que no puede producir crecimiento. Si usted tiene alguna duda, lleve a cabo un experimento con dos plantas. Coloque una al aire libre o en una ventana donde pueda recibir suficiente luz solar cada día. Coloque la otra planta en un armario oscuro, y sáquela solo durante la noche para que disfrute la luz de la luna. ¿Qué ocurre? Es algo obvio, realmente. La luz del sol proviene directamente de la fuente y tiene el poder de hacer crecer la vida, pero la luz de la luna, reflejada del sol, no tiene poder para nutrir a las cosas vivas. Del mismo modo, la gente puede experimentar estos dos tipos de "luz" de Dios.

Mientras Saulo viajaba a Damasco (ver Hechos 9) para llevar a cabo su plan de perseguir a aquellos que proclamaban el nombre de Jesucristo, una luz brillante resplandeció a su alrededor. Él cayó al suelo, y en los versículos 4 y 5 se nos explica que escuchó una voz que decía:

—Saulo, Saulo, ¿por qué me persigues?

—¿Quién eres, Señor? —preguntó.

—Yo soy Jesús, a quien tú persigues —le contestó la voz.

Saulo no reconoció la voz de Jesús, porque nunca la había oído. Su información acerca de quién era Jesús y qué vino a hacer estaba basada únicamente en lo que los líderes religiosos habían dicho acerca de Él. Ellos eran espiritualmente ciegos, así como Saulo llegó a estarlo físicamente al ser cegado por la deslumbrante luz que apareció ante él en el camino hacia Damasco. No fue hasta que Jesús se le apareció y le ofreció la luz directa de su presencia que Saulo supo quién era realmente Jesús.

Cuando el Señor caminó por la tierra, les dio varias instrucciones a las personas que conoció:

❖ "Vengan, síganme" (Mateo 4:19–20).

❖ "Vengan [...] y aprendan de mí" (Mateo 11:28–30).

❖ "Mis ovejas oyen mi voz; yo las conozco y ellas me siguen" (Juan 10:27–28).

❖ Un reconocimiento a María, que se sentó a los pies de Jesús escuchando sus palabras (Lucas 10:38–42).

Jesucristo es la luz directa de Dios. Él nos instruye a absorber los rayos de su verdad y amor para crecer. Ciertamente, Dios puede dirigir su luz hacia nosotros a través de otras fuentes—sermones, libros, cintas, emisiones de radio y televisión, artículos en la internet, amigos y mentores—pero tenemos que preguntarnos: ¿cuál es nuestra fuente por excelencia de la luz de Dios? Jesús le dijo a una de sus seguidoras en Lucas 10:41–42: "Marta, Marta [...] estás inquieta y preocupada por muchas cosas, pero solo una es necesaria. María ha escogido la mejor, y nadie se la quitará" (María había escogido la luz de Jesús).

En los tiempos difíciles, mi primera respuesta durante muchos años fue agarrar el teléfono, buscar un libro, o comerme una barra de chocolate. Aunque hay cosas peores que hacer, a menudo deseaba que lo que había ideado me trajera un alivio más rápido. No quería quedarme quieta, esperar y orar en la presencia del Señor. No miré directamente a la luz del Hijo para buscar ayuda. No estoy tratando de ser poco realista o demasiado espiritual, porque continúo sintiéndome desafiada en mi vida. Estoy hablando de la búsqueda genuina de Dios. La pregunta para cada uno de nosotros es: ¿Voy a recurrir a los libros, sermones y amigos en busca de ayuda, o a dirigirme directamente a la Fuente? Como he desarrollado la disciplina de volver mi rostro hacia el Hijo, mi crecimiento ha sido más constante, su voz ha sido más clara, y mi camino ha sido más brillante.

Saulo fue cegado en su encuentro con el Hijo y obligado a esperar en la oscuridad por un tiempo. Aunque podamos no ser apóstoles, somos esposas, madres y abuelas...mujeres individuales de Dios que podemos cambiar nuestros propios mundos. Mientras permanecemos en quietud en la presencia de Jesús, la luz del Hijo que recibimos nos ayudará a crecer. Este crecimiento estable que el Señor nos da nos permitirá esperar, orar y confiar mientras las manos del Dios soberano nos moldean más a su imagen...¡incluso a través de una fase de transición larga y dolorosa!

Es bastante común entre las mujeres que se encuentran en la tortura de la fase de transición del parto querer renunciar. *¿Qué estoy haciendo aquí?*, piensan ellas. *¡Me marcho de este lugar! ¡Solo voy a levantarme de esta camilla y a olvidarme de todo, porque este nacimiento nunca va a ocurrir!* No obstante, eso es una locura, ¿verdad? Nosotras simplemente no tenemos esa opción. En cambio, precisamos esperar hasta que esto pase.

EN LA SALA DE ESPERA

Parece que pasamos gran parte de nuestras vidas en salas de espera. Por naturaleza y a través del proceso de la vida, esperamos la próxima necesidad, deseo, resultado o consecuencia. Es posible que quiera iniciar una familia, mejorar sus finanzas, salir bien en algunas pruebas médicas, llegar al final del semestre, irse de vacaciones, o que las festividades lleguen o se terminen. Esperar, Esperar. Esperar. Tal vez está esperando, como yo lo estaba, que su marido despierte de su sueño y ore con usted...tomando él la iniciativa. Mientras tanto, no ve ningún movimiento.

Después de convocar a Jesús para que viniera a sanar a su hermano moribundo (Juan 11), María y Marta no vieron ningún movimiento durante tres días. Ellas estaban esperando por la solución que pensaban era la mejor: Jesús necesitaba llegar a su casa pronto a fin de sanar a Lázaro para que no muriera. Me imagino que habrán mirado por la ventana una vez, que habrán mirado por la ventana cientos de veces esperando a que Jesús viniera. Mientras tanto, no tenían el control del tiempo, el resultado o los propósitos más amplios de Jesús, los cuales no entendían. De lo único que tenían control era de ellas mismas. ¿Qué estaban haciendo durante esos tres días además de mirar por la ventana? ¿Quejándose? ¿Preocupándose?

¿Orando? ¿Quizás haciendo todo eso? ¿Qué hacemos en las salas de espera de nuestra vida? Existen muchas posibilidades, pero hay una cosa que sé con seguridad que debemos evitar: los *y si*.

Nada tortura tanto al alma humana como la consideración de los *y si*. ¿Y si él no consigue el trabajo? ¿Y si ella no consigue la beca? ¿Y si las pruebas dan positivas? ¿Y si mis circunstancias nunca cambian y me quedo atrapada en esta sala de espera por siempre? Para María y Marta, la pregunta era: ¿Y si Lázaro se muere?

La salud y el bienestar de Lázaro resultaban muy importantes. Ya que ellas eran mujeres solteras para las que el sueño del matrimonio no se había todavía cumplido, probablemente dependían de su hermano Lázaro para su sustento y seguridad. "¿Y si él muere y nosotras nos quedamos solas?". Este temor legítimo resulta devastador, lo suficiente para lanzarlas a un pozo de desesperación. Los *y si* abundan en cada dirección en la que nuestra alma pueda correr, y no es posible controlarlos. La verdad es que nuestras suposiciones más temidas casi nunca llegan a ocurrir, pero incluso si lo hacen, como sucedió con María y Marta, Dios todavía tiene una salida.

Necesitamos proteger nuestras mentes y corazones de los *y si*. Ellos no son del Señor y probablemente es el enemigo quien los fomenta en nuestras almas. Satanás quiere distraer nuestras mentes con cosas que no podemos controlar para que lo que sí podemos controlar sea descuidado. Recuerda, Jesús le advirtió a Marta acerca de esto mismo: "Estás inquieta y preocupada por muchas cosas, pero solo una es necesaria" (Lucas 10:41–42). ¡Jesús dijo que solo se necesita *una cosa*! En las salas de espera de la vida, no debemos descuidar esa cosa en particular. Es lo único sobre lo que tenemos control absoluto mientras esperamos: sentarnos a los pies de Jesús buscando su rostro, su amor, su Palabra y su perspectiva.

TODO LO QUE NECESITO ES A TI

Un ídolo puede ser algo complicado. Me pregunto si Lázaro puede haber llegado a ser un ídolo para María y Marta debido a su dependencia de él como el hombre en sus vidas. Sospecho que, como Jesús retrasó la llegada, les estaba permitiendo restablecer sus prioridades. Resulta difícil detectar que alguien o algo es un ídolo en nuestra vida hasta que es cambiado o removido. Nuestros hijos, trabajos, comodidades, incluso nuestros esposos, podrían convertirse en un ídolo si dependemos de ellos de manera exagerada. Su importancia puede reemplazar la prioridad y la primacía de una relación personal con Dios. Me pregunto si Jesús estaba obligando a María y Marta a reevaluar la posición de Lázaro en sus vidas y a volver a las palabras básicas de Jesús...¡que una sola cosa—una relación personal con Él—es necesaria!

Dios me desafió con respecto a la importancia que le había concedido al cambio de mi esposo en este aspecto de orar conmigo. Dios me mostró que eso estaba consumiéndome y obstaculizando mi relación llena de fe y confianza en Él. ¿Podría aceptar que tal vez tuviera que vivir sin que mi esposo alguna vez tomara la iniciativa para orar conmigo? ¿Podría creer que Jesús era realmente todo lo que necesitaba? ¿Es Jesucristo en verdad la vid principal de la cual yo soy una rama para dar fruto? ¿Una falta de mi marido estaba convirtiéndose en una razón para justificar mi propia relación endeble con Dios? Había pensado que la demora de Dios representaba su falta de cuidado hasta que me di cuenta de que su retraso en cuanto a cambiar a Sam era precisamente lo mejor que Él podía hacer para ayudarme en mi relación más importante: aquella con Dios.

VENCER POR MEDIO DE NUESTROS TESTIMONIOS

Cada persona que deposita su fe personal en Jesucristo tiene una historia de cómo aprendió acerca de la muerte y la resurrección de Jesús. A menudo le llamamos a esto nuestro testimonio personal. Reflexionamos sobre el momento en que Dios nos convenció de nuestro pecado y nos dio la revelación de que Jesús ofrece el perdón basado en su sangre derramada. Ahí es cuando nacemos de nuevo en la familia de Dios a través de una confianza como la de un niño en esta verdad. Sin embargo, ese testimonio inicial no es el único que tenemos para ofrecer. También tenemos un testimonio permanente: la historia de cómo Dios continúa revelándonos verdades con respecto a sí mismo y su reino a lo largo del tiempo. Compartir este testimonio los unos con los otros es igualmente una fuente de aliento y revelación.

Mientras esperaban a Jesús, María y Marta no sabían que Dios estaba a punto de darles uno de los más grandes testimonios de la historia. Su testimonio de que Lázaro volvería a la vida se encontraría en la Palabra escrita de Dios como testigo para todas las generaciones. El mismo demostraría el alcance de la autoridad de Jesús, incluso sobre la muerte. "Entonces Jesús le dijo [a Marta]: "Yo soy la resurrección y la vida. El que cree en mí vivirá, aunque muera; y todo el que vive y cree en mí no morirá jamás. ¿Crees esto?" (Juan 11:25–26). ¿Y si hubieran conocido este resultado durante sus tres días en la sala de espera? ¿Y si hubieran podido comprender de alguna manera hacia dónde esta prueba las estaba conduciendo y cómo la historia iba a terminar? No obstante, un conocimiento previo como ese no era el plan de Jesús para ellas, y tampoco lo es para nosotros. Dios permitió que María y Marta se preocuparan en la sala de espera mientras obraba detrás de escena para lograr un propósito mayor de lo que podían haber imaginado. Ya conocían el poder sanador de Jesús, pero no contemplaban la posibilidad de una resurrección. Y, con demasiada frecuencia, nosotros tampoco contemplamos que el final de nuestras historias será de la misma magnitud de Dios. Permitimos que los *y si* negativos dominen y rara vez consideramos algún *y si* positivo. Ni en mis sueños más descabellados me hubiera imaginado lo que Dios iba a hacer con Sam, hasta años después en mi encuentro frente al espejo del baño.

Sin embargo, Dios "puede hacer muchísimo más que todo lo que podamos imaginarnos o pedir" (Efesios 3:20). ¿Creemos eso? Yo conocía el versículo y se lo citaba a otros. ¿Pero realmente podría sucederme algo así a mí? Era dudoso, en el mejor de los casos.

A pesar de que la transición es un lugar difícil para estar, usted fue hecha para esto. Una de las bendiciones de ser mujer es esperar, porque es entonces cuando podemos llegar a ver las ideas increíblemente mejores que Dios tiene para nosotras. Aunque esto puede ser un aspecto natural de nuestra condición de mujer, no resulta fácil. Usted puede ser su peor enemiga al dejar que su mente le juegue trucos. O al tener dudas. Tal vez realmente no piensa que su sueño o su esperanza alguna vez llegarán a hacerse realidad. No obstante, Dios siempre está haciendo algo. Él no está perdiendo el tiempo ni desperdiciando ninguna de nuestras experiencias, pues "sabemos que Dios dispone todas las cosas para el bien de quienes lo aman, los que han sido llamados de acuerdo con su propósito" (Romanos 8:28). Nuestras historias y rutas están esperando hasta que la voz de Jesús diga: "¡Lázaro, sal fuera!" (Juan 11:43) y las situaciones de muerte—y los maridos dormidos—cobren vida.

¡Somos llamados a creer que Dios puede retrasarse, pero Él nunca llega tarde!

ORACIÓN JUNTOS

A ti, Señor, elevo mi clamor desde las profundidades del abismo. Escucha, Señor, mi voz. Estén atentos tus oídos a mi voz suplicante. Si tú, Señor, tomaras en cuenta los pecados, ¿quién, Señor, sería declarado inocente? Pero en ti se halla perdón, y por eso debes ser temido. Espero al Señor, lo espero con toda el alma; en su palabra he puesto mi esperanza. Espero al Señor con toda el alma, más que los centinelas la mañana. Como esperan los centinelas la mañana.
—SALMO 130:1–6

¡Padre, nuestro corazón resuena con el clamor del salmista! Clamamos a ti desde las profundidades. Sabemos que te preocupas por nosotros y que escuchas nuestras voces. Cuando nos damos cuenta de quién eres, Dios, en comparación con lo que somos, solo podemos suplicar misericordia. No podemos reclamar dignidad o méritos propios. En realidad, si tuvieras que guardar un registro de nuestros pecados, no podríamos permanecer delante de ti. Sin embargo, contigo hay perdón, y te damos las gracias humildemente. Debido a que somos un solo ser en nuestro matrimonio, nuestras almas unificadas te esperan, Señor. Ponemos nuestra esperanza solo en ti. ¡Nuestras almas esperan al Señor más que como esperan los centinelas la mañana! Amén.

NO DIGA MÁS
(QUE LA PALABRA)

¡Su mensaje sobre la oración matrimonial ha cambiado a mi familia! Inmediatamente después de llegar de la conferencia, hablé con mi esposa acerca de orar juntos a través de la Palabra. Mi esposa me dijo que ella había estado esperando este momento, así que esta es la verdadera respuesta de Dios. El mismo día, empezamos a orar a través de la Palabra de Dios, en el libro de Santiago. Ya hemos terminado Santiago, y ahora estamos en el libro de Efesios.

—PAUL

Mi esposa y yo comenzamos a orar juntos el viernes pasado por la noche y lo hemos hecho cada día desde entonces [...] Ha sido una experiencia maravillosa hasta aquí. También estamos usando el tiempo para orar por nuestro hijo. Yo había estado golpeando el "botón de repetición" en los últimos pocos meses en lo que respecta a orar por nuestro joven hijo, creo que en parte, porque no podía abarcar todo aquello por lo que había que orar. Estaba teniendo problemas para averiguar por dónde debía empezar. Ahora creo que orar la Biblia era la manera perfecta de comenzar.

—DUSTY

CERCA DE NUESTRA casa en Dallas, Texas, un jardín de sesenta y seis acres embellece la orilla sudeste del lago White Rock. El Arboreto y el Jardín Botánico de Dallas son aclamados nacionalmente y catalogados por *USA Today* como una de las principales atracciones de la zona de Dallas. El clima del sur, mientras que resulta abrasador en verano, permite disfrutar durante todo el año de una impresionante variedad de flores. Algo está siempre floreciendo de manera impresionante. Los visitantes pasean por una red de senderos serpenteantes a fin de absorber la belleza de los jardines y los manantiales que fluyen. ¡En medio de la gran variedad de plantas y flores, hay al parecer dos mil cuatrocientas variedades de azaleas solamente!

Nosotros exploramos los jardines de forma periódica. Y mientras disfrutamos de las fragancias y la belleza visual, no podemos dejar de preguntarnos: "¿Cómo hacen *ellos* para mantener todos estos céspedes, jardines y flores?". ¡La cantidad de trabajo y el número de personas que se requiere resultan asombrosos! Si el mantenimiento del arboreto fuera descuidado por un corto tiempo, seguramente la hierba se marchitaría y las flores se caerían.

El apóstol Pedro se basa en una imagen similar para enfatizar varios contrastes importantes en nuestras vidas. En 1 Pedro 1:23–25, él señala:

> *"Pues ustedes han nacido de nuevo, no de simiente perecedera, sino de simiente imperecedera, mediante la palabra de Dios que vive y permanece. Porque "todo mortal es como la hierba, y toda su gloria como la flor del campo; la hierba se seca y la flor se cae, pero la palabra del Señor permanece para siempre".*

En comparación con las cosas de Dios, la humanidad y todas las grandes cosas que conseguimos son como la hierba y las flores frágiles y vulnerables. Las personas a menudo se sienten impresionadas por sus propios logros, pero la verdad es que solo la Palabra del Señor permanece para siempre.

La Palabra provee una semilla imperecedera que germina en nuestra vida espiritual, y solo ese tipo de vida perdura para siempre. Nuestra vida física es perecedera, aun en su gloria más grande y floreciente. Sin embargo, nuestra vida espiritual se inicia, así como también se nutre, con la eterna Palabra del Señor.

La Palabra nos trae vida cuando nacemos en la familia de Dios y recibimos un lugar en su reino. Este es el plan de "mantenimiento de jardines" perfecto. Mientras más sembremos con la Palabra imperecedera, más floreceremos en la vida espiritual. Estamos asegurando belleza, fertilidad y crecimiento en lugar de cosas temporales que con seguridad se secan y mueren.

Cuando nos comprometemos a orar con la Palabra del Señor como nuestra guía, nuestros corazones y mentes establecen un nexo profundo con la simiente imperecedera que Pedro describe. Esta Palabra viva y duradera permanece por siempre en nuestras oraciones, trayendo una bendición transformadora no solo para nuestras vidas individuales, sino para la vida de nuestro matrimonio.

ORACIÓN EXPOSITIVA

Probablemente ha oído hablar de la predicación expositiva y tal vez hasta la haya experimentado en la iglesia. Un predicador expositivo predica a través de la Biblia, verso por verso, párrafo por párrafo, permitiendo que la Palabra de Dios entregue el mensaje que el pueblo de Dios necesita. La Biblia guía al predicador y la congregación por igual a través del contenido, las ideas, los conceptos y las exhortaciones que Dios desea.

Con el concepto de predicación expositiva como trasfondo, usted puede comenzar a entender por qué nos gusta llamarle "oración expositiva" a nuestro método de orar las Escrituras. Al seguir la Biblia con nuestras oraciones, la Palabra de Dios nos guía a los temas, ideas, alabanzas, promesas, bendiciones, confesiones y peticiones que más necesitamos traer ante Él. Nosotros "convocamos" a la Palabra de Dios en nuestras oraciones, y la Biblia nos da la senda a seguir. De esta manera, podemos estar seguros de que nuestras oraciones son ricas en la simiente imperecedera.

ELIJA UN LIBRO DE LA BIBLIA

Así como el estudio personal de la Biblia es más eficaz cuando usted lee de manera secuencial a través de las Escrituras en lugar de escoger versículos al azar de aquí y allá, orar a través de la Biblia funciona mejor si ora a lo largo de libros de la Biblia completos. Eso puede sonarle desalentador al principio, porque usted nunca ha hecho nada parecido antes. Nosotros habíamos sido creyentes por múltiples décadas y llevábamos muchos años de casados, pero nunca antes habíamos orado a través de un libro de la Biblia. (En realidad, nunca habíamos siquiera escuchado hablar de hacer tal cosa.) Sin embargo, este enfoque nos ha energizado realmente.

Incluso decidir juntos como marido y mujer por cuál libro van comenzar puede darles un sentido de unidad. ¿Alguno de ustedes tiene un libro favorito? Si es así, comiencen por allí. ¿Necesitan una sugerencia? A menudo recomendamos Filipenses como un buen punto de partida, porque es un libro corto lleno de un gran material de oración. Otro buen punto de partida son los Salmos. Ya que es un libro de canciones (esencialmente oraciones con ritmo y melodía), las palabras de los Salmos proporcionan una guía perfecta para la oración. Ustedes pueden expresar sus oraciones con las mismas palabras que David trajo ante el Señor.

Orar a través de los libros de la Biblia los mantiene en el camino. Eso proporciona un plan a seguir, y es fácil recordar dónde se quedaron. Tener un plan parece ser especialmente útil para que los esposos sepan hacia dónde van juntos. El libro a través del cual oran se convierte en un mapa o un plan para guiarlos.

Dondequiera que decidan comenzar, se sorprenderán de cómo el Espíritu Santo hará su presencia evidente, y de vez en cuando de maneras muy claras. Esto sucede, por supuesto, porque Él es fiel a su Palabra, pero también debido a que mientras oramos a través de los libros de la Biblia, estamos en realidad aprendiendo juntos al mismo tiempo. Aunque el propósito no es estudiar la Biblia, nuestras mentes se desarrollan y se renuevan (Romanos 12:2) a partir de la exposición a la verdad de Dios mientras nuestros corazones buscan al Señor juntos en oración.

A fin de comenzar su oración juntos, el apéndice de este libro proporciona una guía para orar a través del libro de Santiago. Hemos dividido la Epístola de Santiago en secciones y sugerido una oración modelo que sigue el flujo y el contenido de los versos. ¡Traten de orar juntos a través del libro de Santiago, y una vez que lo hayan hecho, estamos seguros de que el Espíritu Santo los animará a continuar con otros libros!

TRES PASOS PARA ORAR LA PALABRA JUNTOS

1. Leer.

Lean un número razonable de versículos bíblicos en voz alta. No intenten abarcar demasiado. Elegir cuántos versículos cubrir es una decisión que ustedes toman según su criterio en cada ocasión. Solo recuerden: esto no es un estudio bíblico, sino un tiempo de oración. El esposo no viene a enseñarle la Biblia a su esposa, ni la esposa le enseña la Biblia a su marido. Juntos, están presentándose ante el Señor y pidiéndole que les revele contenido y temas sobre los cuales orar.

Lean los versos lentamente y dejen que el significado penetre. Ambos pueden participar en la lectura de la selección, por supuesto. Y esto no hace falta ni decirlo, pero es importante leer de la misma versión de la Biblia.

2. Reflexionar.

Una vez que hemos leído el pasaje, nosotros normalmente nos sentamos en silencio por un minuto o dos a fin de pensar en lo que acabamos de leer. Eso le da al Espíritu Santo una oportunidad de hablarles a nuestros corazones, de modo que pueda ayudarnos a hacer algunas reflexiones a partir de los versos. ¿Qué salta de la lectura? ¿Hay algunas palabras claves, frases o conceptos que se destacan? ¿Cuál es la idea principal o el tema en estos versos? ¿Qué les decía el autor a los lectores de sus días? ¿Cuál de esas verdades también son significativas para nosotros hoy? ¿La lectura le sugiere algunos pensamientos o ideas especiales? ¿Una aplicación inmediata viene a su mente? Ustedes pueden responder a tantas o tan pocas de estas preguntas como se sientan guiado a hacer. La idea es simplemente prestarle atención a lo que Dios quiere hablarles por medio de este pasaje en particular.

Una buena manera de pensar en este paso es considerar que estamos buscando "puntos de oración" tales como:

❖ Una promesa que percibir.
❖ Alabanzas que dirigir a Dios por su carácter o actividad.
❖ Un pecado que confesar.
❖ Una orden que obedecer.
❖ Una advertencia a la que prestarle atención.
❖ Un camino a seguir.
❖ Un hecho que recordar.
❖ Una verdad para ser renovada en nuestros corazones.
❖ Una doctrina que entender.
❖ Un estímulo que recibir.
❖ Acción de gracias para elevar.
❖ Cualquier otra cosa que el Espíritu Santo nos muestre a partir de la Palabra.

Siguiendo este proceso, pueden turnarse para compartir el uno con el otro lo que ven en las Escrituras. Se encuentran en "tierra santa" cuando vienen juntos en la intimidad espiritual de su matrimonio como un solo ser. El Espíritu Santo se reunirá con ustedes para alentar, dirigir, reprender, amar, traer alegría, ofrecer paz, recordar la verdad y mucho más. La belleza de hacer esto está en que permanecen ante el Señor en unidad. Este tipo de oración entreteje los hilos de su matrimonio, sus oraciones y la Palabra de Dios en una cuerda fuerte. Escucharán el corazón de su cónyuge más íntimamente mientras oyen cómo el Señor le habla a él o ella por medio de su Palabra.

3. Orar.

Túrnense orando en voz alta por un corto tiempo. Sigan lo que el Espíritu Santo les sugiere como el foco para el contenido y el flujo de sus oraciones. Oren estas cosas el uno por el otro, por su matrimonio, por sus hijos, y por algo más que se sientan dirigidos. Al hacerlo, estarán orando el flujo de lo que el Señor ha escrito. A veces cuando oramos, nuestras oraciones consisten en palabras directas de los versos. Nosotros simplemente convertimos los versos en oraciones y oramos la Palabra de Dios de vuelta a Él.

Otro enfoque útil es personalizar los versos que forman parte de sus oraciones mencionando los nombres de las personas que vienen a su corazón y su mente. De esta manera, están cubriendo a su amada familia y sus amigos con oraciones que reflejan la esencia misma de Dios.

Además, asegúrense de traer a sus oraciones los problemas que enfrentan cada día. Pueden presentarle al Señor las preocupaciones de sus corazones. ¿Qué está sucediendo hoy que podría preocuparlos? ¿Qué merece la acción de gracias y la alabanza al Señor? Cuéntenle a Dios los temas "actuales" que les rodean. Aunque Dios ya lo sabe todo, mientras ustedes oran sobre sus preocupaciones, ellas fluyen a través de sus corazones de una manera que puede traer perspectiva, una paz más profunda y alabanzas más genuinas, las cuales no podrían haber experimentado de otra manera.

Y, finalmente, esto puede parecer obvio, pero recuerde que ustedes están hablando con el Dios viviente en sus oraciones, no entre sí. Dios es la audiencia. Él está prestando oídos a la voz unificada de su matrimonio.

FRESCURA Y VITALIDAD

Nosotros dos provinimos de trasfondos religiosos que enseñaron y modelaron que nuestras oraciones consistían en recitar palabras memorizadas, las cuales han sido transmitidas a través de los siglos. Ambos recordamos vívidamente haber recitado tales oraciones sin sentido en muchas ocasiones. Sin embargo, eso era todo lo que sabíamos hacer. Esto no quiere decir que haya algo malo con los grandes credos y oraciones de la historia de la iglesia, pero muchas personas caen en la trampa de simplemente recitar oraciones memorizadas. Entonces se preguntan luego por qué carecen de una conexión vital con Dios en la oración.

Gracias a la providencia de Dios, confiamos en Jesucristo como nuestro salvador durante nuestros días de universidad. En realidad, mientras estábamos saliendo, el Señor nos llevó a Él a cada uno de nosotros durante la misma semana a través de encuentros completamente diferentes con algunos amigos. Vicki llegó a la fe en el Señor en un estudio bíblico al que un amigo la invitó un martes por la noche. Luego, el viernes por la noche, Sam visitó a un amigo en el hospital que estaba muriendo de cáncer. Mientras se encontraba allí, un pastor también estaba visitándolo, y él compartió el evangelio con Sam. Le damos gracias a Dios por esta asombrosa bendición y su coordinación maravillosa.

Los dos asistimos a estudios bíblicos cuando éramos nuevos creyentes, y recordamos estar fascinados por las oraciones del líder del grupo. Cuando llegó el momento de orar, él se lanzó a una conversación espontánea en voz alta con Dios, y siempre parecía saber exactamente qué decir.

Lo que es más, rápidamente se hizo evidente que otros en el grupo *también* sabían cómo modelar las palabras en sus oraciones. Las personas se turnaban para hablar una por una en voz alta con Dios. ¡Eran creativas y ofrecieron oraciones espléndidas y sinceras salidas de sus propias cabezas! Todavía nos divertimos al pensar en cuán asustados nos sentíamos a veces. Con los corazones latiendo fuerte, nos preocupábamos: "Ay, no, ¿y si ellos esperan que nosotros también hagamos eso?". Sin embargo, afortunadamente—y para crédito de los líderes del grupo y su sensibilidad ante gente como nosotros—eso no sucedió.

No obstante, con el tiempo reconocimos que como cristianos necesitábamos de alguna manera aprender a orar así. Pensamos que necesitábamos estar listos, de inmediato, en cualquier momento, para lanzarnos a orarle a Dios de forma extemporánea (y tan elocuente como fuera posible). Pensamos que teníamos que impresionar a todos en el grupo, y recuerden que Dios podría estar escuchando también. ¡Vaya! ¡Demasiada presión!

Tal vez estas palabras y emociones de nuestro pasado reflejan cómo uno o ambos se sienten cuando piensan en orar juntos. No es raro vacilar en cuanto a orar en voz alta. Algunas personas consideran la oración como algo profundamente personal, y se muestran reacias a orar con alguien más, pero en verdad, esa es la razón principal por la que sugerimos que la Biblia es la guía perfecta a fin de encontrar las palabras para orar. Muchas veces, hemos visto convertirse a este modelo para las oraciones en el matrimonio en un punto de conexión que ayuda al crecimiento de una pareja.

Algunos cristianos, por supuesto, se sienten completamente cómodos expresando oraciones espontáneas. En realidad, pueden ser muy experimentados y "buenos en eso". Tal vez usted ya está acostumbrado a orar en voz alta y lo ha estado haciendo durante años. Aun así, le aseguramos que seguir la Biblia para proveer el contenido y el enfoque de sus oraciones traerá frescura y vitalidad. Ya sea que orar en voz alta resulte natural para ustedes o no, hemos proporcionado a continuación algunas muestras de cómo orar las Escrituras que pueden funcionarles.

EJEMPLOS DE ORACIONES DE LAS ESCRITURAS

Que Dios nuestro Padre y el Señor Jesucristo les concedan gracia y paz. Jesucristo dio su vida por nuestros pecados para rescatarnos de este mundo malvado, según la voluntad de nuestro Dios y Padre, a quien sea la gloria por los siglos de los siglos. Amén.

—GÁLATAS 1:3–5

Oración del esposo

"Padre, tu Palabra nos ha recordado hoy que tú eres un Dios de gracia y paz. Te agradecemos porque esa gracia y paz están llegando a nuestro matrimonio y familia hoy provenientes de ti, que eres nuestro Padre, a través de nuestra relación con Jesucristo. Hemos sido profundamente bendecidos al saber que Jesús se entregó en la cruz para morir por nuestros pecados a fin de rescatarnos de este mundo malvado de hoy. La salvación que nos has dado es fruto de tu gracia. Esta salvación y la relación que tenemos contigo nos dan paz. Nos sentimos humildes ante estas bendiciones, Señor. Amén".

Oración de la esposa

"Señor, te alabamos en este día, porque estas provisiones de gracia, paz y salvación nos han sido dadas de acuerdo a tu voluntad para nuestras vidas. Te pedimos que tu gracia y paz vengan sobre nuestros hijos a medida que avanzan a través de sus vidas hoy. En este mundo, reconocemos que cada día nuestra familia está sujeta y puede ser vulnerable al mal que está tan presente. Así que oramos para que tu gracia y paz nos protejan y reconforten. Estamos de acuerdo con lo que dice la Biblia: que toda la gloria se debe a ti, Dios, por los siglos de los siglos. Amén".

Mis queridos hermanos, tengan presente esto: Todos deben estar listos para escuchar, y ser lentos para hablar y para enojarse; pues la ira humana no produce la vida justa que Dios quiere. Por esto, despójense de toda inmundicia y de la maldad que tanto abunda, para que puedan recibir con humildad la palabra sembrada en ustedes, la cual tiene poder para salvarles la vida.
                                        —SANTIAGO 1:19–21

Oración del esposo

"Padre que estás en el cielo, la Biblia es muy práctica y significativa para nosotros. Especialmente hoy, te pedimos que nos ayudes a estar listos para escuchar: para escucharte a ti, para escucharnos el uno al otro, y para escuchar a las personas que nos rodean, dentro de nuestra familia y dondequiera que vayamos. Señor, también sabemos que cuando nos enojamos, esa ira humana no nos permite disfrutar de la vida justa que tú deseas para nosotros. Por lo tanto, oro que nuestra familia tenga una mayor disposición a escuchar y que tú calmes la ira que pueda surgir en nuestros corazones. Amén".

Oración de la esposa

"Señor, también vemos en el libro de Santiago hoy que tenemos que ser lentos para hablar. Te confesamos que a veces hablamos antes de realmente escuchar. En ocasiones, cuando la gente está hablando, no estamos prestándole atención, sino que ya estamos preparándonos para lo que queremos decir. ¡Señor, danos oídos que escuchen mejor hoy! Igualmente reconocemos que hay inmundicia moral y maldad en el mundo, en especial enfrente de nuestros niños y adolescentes. Hemos buscado plantar la Palabra en sus vidas a lo largo de los años. Así que hoy, Señor, te rogamos que obres en sus corazones de tal manera que acepten humildemente tu Palabra y sean rápidos para escuchar a tu Espíritu Santo. Amén".

Dios, que muchas veces y de varias maneras habló a nuestros antepasados en otras épocas por medio de los profetas, en estos días finales nos ha hablado por medio de su Hijo. A este lo designó heredero de todo, y por medio de él hizo el universo. El Hijo es el resplandor de la gloria de Dios, la fiel imagen de lo que él es, y el que sostiene todas las cosas con su palabra poderosa. Después de llevar a cabo la purificación de los pecados, se sentó a la derecha de la Majestad en las alturas. Así llegó a ser superior a los ángeles en la misma medida en que el nombre que ha heredado supera en excelencia al de ellos.

—HEBREOS 1:1–4

Oración del esposo

"Padre, te damos gracias porque en el pasado nos hablaste a través de los profetas de muchas maneras. ¡Sin embargo, Señor, también te damos gracias por permitirnos vivir en los últimos días, durante los cuales nos has hablado por medio de tu Hijo, Jesucristo! Te damos gracias porque Jesús ha sido nombrado heredero de todo. Te damos gracias porque has creado el universo a través de Jesús. Amén".

Oración de la esposa

"El Hijo es el resplandor de la gloria de Dios y la fiel imagen de lo que Él es. Te damos gracias porque Jesús sostiene todas las cosas con su poderosa Palabra. Te alabamos porque Jesús ha provisto la purificación para nuestros pecados y ahora está sentado a la derecha de la Majestad en las alturas. ¡Y te damos gracias porque Jesús es superior a todos y cada uno de los ángeles y Él ha heredado un nombre que supera en excelencia al de cualquiera de ellos! Amén.

Orar así con el tiempo traerá una riqueza creciente, energía, fortaleza y un sentido de conexión íntima a nuestras oraciones. Como Dietrich Bonhoeffer dijo una vez: "La riqueza de la Palabra de Dios debe determinar nuestra oración, no la pobreza de nuestro corazón".

ALGUNAS CONSIDERACIONES PRÁCTICAS

La vida se complica bastante a veces, así que es comprensible si se preguntan cómo llevar a cabo este tiempo de oración juntos como marido y mujer. Nosotros nos hemos hecho (¡muchas veces!) las preguntas que siguen, y les ofrecemos las respuestas que hemos encontrado que resultan más útiles.

1. ¿Cuándo vamos a hacer esto?

Determinen qué funciona para su matrimonio considerando el contexto de su familia. Para algunas parejas, orar en la mañana es bueno. Para otras, orar por la noche o justo antes de acostarse resulta mejor. Las edades y etapas de los niños que viven bajo su techo seguramente influyen en la hora del día que funcionará para ustedes. Es posible que tengan que lidiar con niños pequeños mañana, tarde y noche. O tal vez tienen adolescentes entrando y saliendo de la casa a las carreras a todas horas. ¡Y tal vez hasta tengan hijos de ambas edades! En algunos matrimonios, el marido está encantado de levantarse antes de que salga el sol, pero la esposa es la proverbial noctámbula…o al revés.

Obviamente, no hay un momento perfecto del día que se pueda aplicar con regularidad para todos nosotros. La respuesta principal a la pregunta "cuándo", consiste en que ustedes creen tanto en la importancia de la oración que están resueltos a hacer los sacrificios y compromisos requeridos a fin de buscar el tiempo para orar juntos. Y si *nuestra* experiencia sirve como un indicador, los prevenimos de que, tan pronto como sientan que han logrado el ritmo ideal para orar juntos, surgirá *algo* que los enviará de nuevo a la mesa de planificación.

¿Qué podría interponerse en el camino e interrumpir el compromiso de orar en el matrimonio? Por ejemplo:

- ❖ El ritmo de vida de la mayoría de las familias.
- ❖ El cambio de estaciones a través de la primavera, el verano, el otoño y el invierno.
- ❖ Los viajes de negocios.
- ❖ El tiempo de vacaciones.
- ❖ Los altibajos debido a la tensión.
- ❖ Desacuerdos y perspectivas diferentes.
- ❖ Horarios dinámicos para cada miembro de la familia.

Estoy seguro de que podríamos seguir.

Estas realidades de los días modernos y nuestra propia experiencia en este viaje representan la razón por la que les sugerimos que comiencen de forma moderada y vayan avanzando progresivamente hacia tiempos más estables juntos. No les recomendamos que planeen orar juntos todos los días. Hacer eso podría ponerle trabas a su tiempo de oración desde el principio. Simplemente, eso no es realista para la mayoría de las parejas. Por lo tanto, con esa realidad en mente, solo estamos animándolos a perseguir una oración conyugal que sea más intencional y regular que las que hayan hecho antes, aceptando de antemano que orar a diario no es ni siquiera una meta razonable. Eso les dará un mayor sentido de libertad para orar y aumentará sus posibilidades de éxito en lo que respecta a orar juntos con regularidad.

2. ¿Cuánto tiempo debe tomar?

Reconociendo las demandas de la vida real y las luchas que acabamos de mencionar, les recomendamos que planifiquen un tiempo de oración corto. Cantidad de tiempo no necesariamente se traduce en un crecimiento espiritual y una unidad de calidad. Puesto que orar un libro particular de la Biblia es su camino, simplemente reinicien donde lo dejaron en el tiempo de oración anterior cada vez que oren. Sigan la rutina: lean varios de los versículos que vienen a continuación, determinen puntos de oración y oren juntos, enfocándose en lo que el Espíritu Santo les ha revelado. ¿Diez minutos, quince minutos, veinte? Vean cómo el Espíritu los dirige.

También querrán estar abiertos a la posibilidad de que habrá algunas ocasiones en que no tendrán prisa. Cuando el Espíritu Santo los guía y la conversación fluye entre ustedes dos, el tiempo puede pasar con rapidez. ¡Disfruten de momentos especiales como estos!

Aunque quizás no puedan imaginarse pasando una hora o más en oración y debate espiritual juntos, puede haber temporadas de oración prolongadas y maravillosas en su matrimonio mientras recorren juntos este camino. ¿Por qué? Porque seguirán una trayectoria determinada al orar lo que Dios les está mostrando a través de su Palabra.

3. ¿Qué pasa si lo omitimos?

En este viaje de oración juntos, hay una cosa que podemos garantizarles de forma absoluta y positiva: a veces omitirán, aplazarán o se perderán de alguna otra manera sus oraciones planificadas juntos. La vida puede ser una locura. Nuestro ritmo rápido nos empuja, como Superman, "más rápido que una bala". Sin embargo, no somos superhombres ni supermujeres. Esa es una de las razones por las que les sugerimos que no necesitan hacer de la oración *diaria* juntos su meta. Ustedes pueden incluso tener que faltar a sus oraciones con bastante regularidad, ciertamente con más frecuencia de lo que en realidad quieren. No obstante, confíen en nosotros, eso está bien. ¡Incluso pueden perderse su tiempo juntos varios días seguidos por una razón u otra, pero no dejen que eso los desanime!

Con los años, hemos probado diferentes modelos, métodos o enfoques a fin de encontrar tiempo para conectarnos espiritualmente, pero ningún plan dura de manera indefinida. Lo que podemos decirles es que orar a través de los libros de la Biblia produce una especie de "adherencia" espiritual y práctica a ello. Su trayectoria siguiendo la Biblia hará que sea más fácil volver a encausarse si pierden su(s) tiempo(s) juntos. Cuando nosotros acordamos orar a través de la Palabra de Dios, esto significó que todo lo que teníamos que hacer era volver al lugar en la Biblia donde habíamos orado la última vez y seguir adelante. ¡Como la tortuga y la liebre, de forma lenta pero constante se gana la carrera! La Biblia los mantendrá en el buen camino. Solo tienen que añadir la parte del "lento pero constante".

4. ¿Cuánto tiempo debemos continuar haciendo esto?

¿Y si tuvieran que igualarlo a la duración del compromiso que hicieron el uno con el otro el día de su boda? *Hasta que la muerte nos separe.*

En nuestros matrimonios, somos un solo ser, una sola carne, para toda la vida de este lado de la eternidad. La intimidad intencional espiritual alrededor de la Palabra viva de Dios como esposo y esposa es una expresión ungida de unidad en Dios para toda la vida.

Mientras respiremos, los discípulos de Jesucristo son llamados a perseguir el crecimiento y la madurez. Nadie acaba nunca esa carrera. No hay tal cosa como un seguidor de Jesús completamente terminado.

Tanto como esto es cierto para los creyentes individuales, igual es cierto para todo matrimonio que proclame el nombre de Jesús. Aunque crecer juntos tiene muchas dimensiones en un matrimonio cristiano, orar a través de la Palabra de Dios puede convertirse en un componente esencial de la relación. Si empiezan a orar la Palabra en su matrimonio, ¿qué buena razón les haría detenerse? ¡Lo más probable es que nada hasta que la muerte los separe!

El momento oportuno en que Dios lleva a cabo su obra en nuestras vidas resulta siempre asombroso.

A veces, vamos a la iglesia y escuchamos un mensaje predicado a partir de la Biblia que es exactamente lo que necesitábamos escuchar ese día. Cuando eso sucede, Dios nos está hablando a través de aquel que ministra la Palabra de Dios. Del mismo modo, en nuestro camino de oración a través de la Palabra de Dios, el Espíritu Santo providencialmente les traerá justo lo que resulta relevante para que ustedes oren. Experimentarán la voz de Dios juntos a través de su Palabra, no en algún tipo de encuentro extraño y místico, sino en la realidad de conectarse el uno con el otro, con Dios y su Palabra.

ORACIÓN JUNTOS

Pues ustedes han nacido de nuevo, no de simiente perecedera, sino de simiente imperecedera, mediante la palabra de Dios que vive y permanece. Porque "todo mortal es como la hierba, y toda su gloria como la flor del campo; la hierba se seca y la flor se cae, pero la palabra del Señor permanece para

siempre". Y esta es la palabra del evangelio que se
les ha anunciado a ustedes.

—1 PEDRO 1:23–25

Padre, hemos nacido de nuevo, no de simiente pe-
recedera, sino de la simiente imperecedera, mediante la
Palabra de Dios viva y permanente. Como todas las per-
sonas, somos como la hierba, y nuestra gloria es como la
flor del campo, que finalmente cae, o como la hierba, que
con el tiempo se marchita. Mientras aprendemos a dejar
que la Biblia se convierta en una guía para conformar
nuestras oraciones juntos, confiamos en que tú nos estás
dando palabras y verdades duraderas y eternas. ¡Tu Pa-
labra ha sido una fuente para alimentar nuestras almas
a través de la predicación, pero ahora también alimenta
nuestras almas a través de la oración! Gracias, Señor, por
tu Palabra que vive y permanece. Amén.

INTIMIDAD ESPIRITUAL INTENCIONAL

Parece que muchos de nosotros los esposos compartimos un tema común: luchamos para guiar espiritualmente a nuestras esposas, en especial de manera intencionada. Irónicamente, parece que muchas esposas comparten un deseo común: que los maridos estén a la altura de las circunstancias y dirijan más en el hogar.

—PASTOR ARTHUR

He estado luchando con este problema durante muchos años. Y como les he explicado a muchos de mis familiares y amigos desde que asisto a su reunión en el desayuno de la iglesia, tenía la "brújula direccional" en mi bolsillo trasero durante años [...] pero lo que me faltaba era el "mapa específico". Usted me dio el mapa y estoy muy entusiasmado con eso. Puedo ver qué tan poderoso es este mensaje y me gustaría tener la oportunidad de ayudar más. He estado buscando personalmente esto durante años, y puedo ver dónde debe haber muchos, muchos hombres por ahí que están haciendo lo mismo [...] y en su mayor parte, ni siquiera sabemos que estamos buscando tal cosa.

—BOBBIE

EL MATRIMONIO HA sido adecuadamente ilustrado como un triángulo. Dios está en la parte superior del triángulo. El esposo y la esposa están en cada una de las esquinas inferiores. Mientras el esposo y la esposa se acercan a Dios, subiendo por sus respectivos lados del triángulo, al mismo tiempo se mueven más cerca el uno del otro. El triángulo ilustra el beneficio de tener a Dios como el punto de atención de su relación matrimonial.

TRES ES UNA *GRAN* COMPAÑÍA

La fe cristiana ortodoxa abraza la misteriosa realidad revelada en la Biblia de que Dios existe como una Trinidad: Padre, Hijo y Espíritu Santo. Tres personas son un solo Dios. El matrimonio cristiano puede entenderse como un reflejo, aunque imperfecto, de la santísima Trinidad. Tres personas constituyen un matrimonio cristiano: Dios, el esposo y la esposa. ¡La realidad cristiana desafía la matemática normal, porque uno más uno más uno es igual a uno! Unanimidad, armonía, unidad, concordia y solidaridad representan la intención principal del matrimonio... ¡no solo del uno con el otro como marido y mujer, sino como marido y mujer con Dios!

Orar *juntos* la Palabra de Dios ayuda a este trío dinámico a cobrar vida. Un viaje de oración de esposo/esposa/Dios representa el triángulo vivido de una manera práctica y real. Dios no quiere quedarse atrás en el altar matrimonial. Él desea ir con nosotros en nuestro viaje por la vida.

Imagine este triángulo matrimonial como un circuito eléctrico. Se requiere un circuito completo para que la energía fluya, y un cortocircuito ocurre cuando los cables no están conectados correctamente. Si experimentamos un cortocircuito, movemos los cables y generamos sobrecargas de energía intermitentes. Esto es como cuando en nuestros matrimonios avanzamos trastabillando, conectándonos al azar de manera espiritual.

Orar juntos completa el circuito del triángulo matrimonial. La conexión en su unión espiritual como un solo ser mediante la oración de la Biblia juntos activa el poder, la presencia y las perspectivas de Dios en nuestros matrimonios, vidas, hijos, familias, ministerios y carreras. Esto no es un truco para manipular a Dios a fin de que haga lo que queremos. Es un llamado a adentrarnos más profundamente en el diseño sagrado de Dios para la unión matrimonial, y constituye una manera factible de hacer que esto suceda. Podemos conectarnos más intencionalmente cuando usamos la Biblia para guiar nuestras oraciones juntos.

DE VUELTA A GÉNESIS

Considere la descripción de Dios del matrimonio en Génesis 2:24–25 usando las palabras *un solo ser*: "Por eso el hombre deja a su padre y a su madre, y se une a su mujer, y los dos se funden en un solo ser. En ese tiempo el hombre y la mujer estaban desnudos, pero ninguno de los dos sentía vergüenza".

Un análisis más profundo de este pasaje está más allá de nuestro alcance y propósito, pero necesitamos reconocer la descripción básica de Dios del matrimonio. Las ideas fundamentales no son difíciles de identificar:

- ✤ Dejar
- ✤ Unirse
- ✤ Un solo ser
- ✤ Desnudos y sin sentir vergüenza

El hombre debe dejar a su familia de origen para unirse a su esposa como "un solo ser". La relación es íntima en todas las dimensiones. No hay vergüenza.

El esposo y la esposa son "un solo ser" delante de Dios. Esto no es simplemente una metáfora, idea o ilustración. Es una realidad espiritual y mística ante Dios. Sí, Dios ve al esposo y la esposa cristianos, cada uno como un hijo individual delante de Él, pero en la unión del matrimonio son *uno solo*.

Así, la matemática normal se desafía de nuevo: uno más uno es igual a *uno*. Esta es una realidad crítica que captar. Lo sabemos, sin embargo, ¿lo comprendemos realmente?

UNIÓN = VIDA

Dios diseñó nuestros cuerpos de modo que cuando un marido y una esposa están juntos en la intimidad sexual, la vida se crea. Nuestra unión tiene un poder vital creador de la vida. La unión física produce la vida física.

Como resultado de la intimidad física, los niños se conciben y nacen. A partir de la unión física entre nosotros dos, Dios escogió crear tres hijas que son seres eternos. ¡Cuando uno se detiene a pensar en eso, resulta algo asombroso! A esta conexión de un solo ser, Dios le concedió poder creativo. Él les dijo a Adán y Eva que salieran, se multiplicaran y llenaran la tierra (Génesis 1:28). Esta idea de un solo ser es una orden de Dios que los hombres están siempre encantados de obedecer: "Ah, sí, Dios. ¡Lo que tu digas, Señor!".

Lo que con frecuencia solemos pasar por alto es que la misma dinámica generadora de vida tiene lugar por medio de la intimidad espiritual también. *La unión espiritual conduce a un aumento de la vitalidad y el crecimiento en nuestra vida espiritual juntos.* Cuando nos unimos espiritualmente, en la oración, Dios concibe y nace la vida—la vida de Él—a través de nuestra unidad espiritual. Podemos darle vida a:

* ❖ Percepciones
* ❖ Ideas
* ❖ Amor
* ❖ Alegría
* ❖ Paz
* ❖ Oraciones contestadas
* ❖ Salud emocional
* ❖ Transparencia y honestidad
* ❖ Crecimiento espiritual
* ❖ Unidad

La conexión espiritual también trae consigo una conexión emocional única, y la combinación de las dos puede ser muy potente. En realidad, esto puede ser difícil de imaginar, pero nuestras oraciones como marido y mujer pueden tener la química de crear más vitalidad y vida espiritual y emocional entre nosotros que las oraciones que podríamos hacer con alguien más. Debido a nuestra unión en un solo ser y nuestra cooperación con Dios, orar juntos en el matrimonio resulta más importante que las oraciones en las que participamos con cualquier otra persona.

BUENA COBERTURA

Imagine un paraguas espiritual que cubra su matrimonio, su familia, su vida y ministerio. El poder vivificante de Dios se extiende sobre todo. Al orar las Escrituras, la voluntad de Dios, sus valores, verdades, principios y bendiciones, las intercesiones del Espíritu a partir de la Biblia derraman vitalidad en nuestras vidas y sobre nuestros hijos. ¡Qué emocionante oportunidad! Como mínimo, piensen en lo importante que es orar la Palabra con respecto a los hijos y nietos que Dios les ha dado.

Las esposas necesitan esta conexión. Los maridos necesitan esta conexión. Nuestros hijos necesitan esta conexión. Nuestros nietos necesitan esta conexión. La unión espiritual de su matrimonio cubre sus vidas y a toda su familia. ¡Qué realidad espiritual tan formidable!

SUAVE Y LLEVANDO FRUTO

Dos ilustraciones de las enseñanzas de Jesús se centran en el concepto importante de la conexión íntima: el yugo y la vid. En Mateo 11:28–30, Jesús nos llama a cargar con su yugo para que podamos aprender de Él:

> *Vengan a mí todos ustedes que están cansados y agobiados, y yo les daré descanso. Carguen con mi yugo y aprendan de mí, pues yo soy apacible y humilde de corazón, y encontrarán descanso para su alma. Porque mi yugo es suave y mi carga es liviana.*

Y en Juan 15:4–5, Jesús revela la necesidad de que la rama permanezca conectada a la vid para dar fruto:

> *Permanezcan en mí, y yo permaneceré en ustedes. Así como ninguna rama puede dar fruto por sí misma, sino que tiene que permanecer en la vid, así tampoco ustedes pueden dar fruto si no permanecen en mí. Yo soy la vid y ustedes son las*

*ramas. El que permanece en mí, como yo en él, dará mucho
fruto; separados de mí no pueden ustedes hacer nada.*

Con estas dos ilustraciones, Jesús nos llama a conectarnos con
Dios. Este es el único camino al descanso y la fecundidad. Como
señalamos anteriormente, Dios existe como una Trinidad, y su
deseo perfecto de unión y conexión se refleja en la creación del matrimonio como una relación de un solo ser. Orar como uno solo es
una manera práctica de aprender juntos a partir del corazón gentil y
humilde de Jesucristo y de llegar a ser cada vez más fructíferos para
nuestro gozo y su gloria.

VIVIR CON PRIVACIÓN

Un matrimonio saludable incluirá una dieta de intimidad física mutuamente satisfactoria. Sabemos que seguir esta dieta resulta complejo, y cada matrimonio necesita trabajar a fin de encontrar lo que
es aceptable para ambas partes. En Génesis 2:24–25, el resultado
culminante de la unión matrimonial de un solo ser es estar desnudos sin sentir vergüenza. Sí, este versículo se refiere a la desnudez
física de los esposos el uno ante el otro, pero eso no es todo. La intención de Dios es que, en la relación única del matrimonio, haya
franqueza y vulnerabilidad—sin sentir vergüenza—en toda dimensión. Esta es la confianza, la seguridad y la aceptación que el corazón
humano anhela. Es la intimidad que permite la comprensión mutua
y un crecimiento juntos.

Aquí no estamos tratando de abordar la complejidad de las cuestiones que rodean la intimidad sexual en el matrimonio. Nuestro
punto es que la salud marital holística requiere bienestar emocional,
físico y espiritual. Los tres están interrelacionados. Típicamente, los
hombres desean y necesitan con mayor regularidad la intimidad
sexual. Ellos lo saben. Sus esposas lo saben. No obstante, ¿cuán
importante es la atención a las necesidades espirituales y emocionales? A veces los hombres esperan que sus esposas estén disponibles físicamente, pero ellos tal vez no estén tan disponibles para sus

esposas emocional y espiritualmente. Quizás los esposos les han enseñado a sus esposas a aprender a vivir con privación.

Si es así, ellos necesitan hacerle frente a una pregunta difícil. ¿Cómo nos iría si nuestras esposas no estuvieran disponibles para nuestras necesidades físicas? Sin embargo, ¿hemos renunciado a nuestra responsabilidad, privándolas de la intimidad espiritual y emocional?

En ocasiones, los maridos piensan que están descalificados para tener intimidad espiritual con sus esposas a causa de los "problemas", pecados y deficiencias en sus propias vidas. ¡No obstante, nos atrevemos a decir que rara vez, si acaso alguna, se descalifican a sí mismos para disfrutar de la intimidad física debido a esas mismas preocupaciones! ¿Cuándo fue la última vez que un esposo dijo: "Cariño, no tengamos relaciones sexuales, porque estoy enfrentando algunos conflictos en mi vida"? Parece que los maridos son buenos en lo que respecta a compartimentar las cosas cuando se trata de la intimidad sexual, ¿pero qué es eso?

Durante parte de la conversación que nos permitió abrir los ojos en nuestra sala de estar esa tarde, Vicki le dijo a Sam: "Cariño, si tuviéramos intimidad sexual con la misma frecuencia que oramos juntos, estarías muy decepcionado". ¡Vaya, eso fue algo directo y sin rodeos! Pueden reírse si quiere, sin embargo, ¿qué tan cierto es eso en su matrimonio?

La conclusión es la siguiente: *si estamos apartando un tiempo en nuestro matrimonio para la intimidad física, necesitamos hacerlo también para la intimidad espiritual.* La tensión en lo que respecta a la intimidad física en el matrimonio es un problema común, y ninguno de nosotros está minimizando esta realidad complicada en absoluto. No obstante, si nos conectáramos de manera más estable espiritual y emocionalmente, los beneficios y bendiciones probablemente aparecerían en la intimidad física también.

Considérelo de esta forma:

✤ La intimidad física como un solo ser crea la vida física.

✤ La intimidad espiritual como un solo ser aumenta la vitalidad espiritual y el crecimiento.

Cuando un esposo y una esposa se conectan en la unión física del matrimonio, por la providencia de Dios, los niños se conciben y nacen. Si no hay intimidad física, ninguna nueva vida física aparece. Nosotros necesitamos poner en práctica la intimidad espiritual de una manera paralela. A fin de que la vida espiritual sea concebida, nazca y viva en nuestros matrimonios, debemos unirnos con intención e intimidad espiritual. Por supuesto, orar juntos las Escrituras no es la única forma, pero nosotros sugerimos que constituye una manera fundamental de mejorar la intimidad holística—"estar desnudos sin sentir vergüenza"—en muchas dimensiones de la vida y el matrimonio.

INTENCIONALISMO, NO LEGALISMO

Algunas personas tienen miedo de seguir patrones en su caminar cristiano porque piensan que tal cosa significa que están siendo legalistas, pero cuando se trata de orar las Escrituras, ese simplemente no es el caso. El patrón se renueva cada mañana (Lamentaciones 3:23), y el plan es simple: los maridos se vuelven más intencionales (menos descuidados) en lo que respecta al liderazgo espiritual. Usando la Biblia como guía de oración, tanto el esposo como la esposa están equipados con un enfoque que es cómodo y útil para cargar con el yugo y permanecer en la vid.

¿Y exactamente por qué esto no es una forma de legalismo? El legalismo puede describirse como la búsqueda de la aprobación y el favor de Dios a través de reglas o mostrando en un cierto conjunto de comportamientos. Y a veces tales comportamientos son simplemente para impresionar a otras personas.

Ninguna de estas razones disfuncionales para orar es parte de lo que sugerimos. Orar las Escrituras no es una regla servil para su matrimonio, sino más bien una rutina saludable y santa (y una que pueden acomodar a los requisitos de su horario), ofreciendo una conexión estrecha verdadera en su matrimonio. A través de esto ustedes tienen la oportunidad de lograr el diseño y el flujo del matrimonio previstos originalmente mientras tres forman parte de la unión: Dios, el esposo y la esposa.

ORACIÓN JUNTOS

"Por eso dejará el hombre a su padre y a su madre, y se unirá a su esposa, y los dos llegarán a ser un solo cuerpo". Esto es un misterio profundo; yo me refiero a Cristo y a la iglesia. En todo caso, cada uno de ustedes ame también a su esposa como a sí mismo, y que la esposa respete a su esposo.

—EFESIOS 5:31–33

Dios, oramos hoy por una unidad en nuestro matrimonio como la que se refleja en esta frase importante: un solo ser. Reconocemos que nuestro matrimonio representa la relación entre Jesucristo y su esposa, la iglesia. Esa verdad nos humilla y nos convence, Señor. Vemos dos fuentes de energía fundamentales para nuestro matrimonio: el amor y el respeto. ¡Un esposo debe amar a su esposa como se ama a sí mismo! Y la esposa es claramente llamada a respetar a su marido.

Padre, fortalece nuestro matrimonio con amor renovado y respeto genuino, de modo que este misterio profundo pueda traerte gloria a ti, seguridad a nuestra familia, y alegría a nuestro matrimonio. Amén.

LA INTIMIDAD Y LAS HERIDAS DEL CORAZÓN DE LA MUJER

(POR VICKI)

Mi esposo y yo hemos estado orando a través de la Palabra, y ha sido increíble.

—CRISTAL

Hemos estado disfrutando al recorrer nuestro camino a través de Filipenses sin el estrés de "hacer un estudio". ¡Gracias!

—TABITHA

Mi esposa y yo hemos comenzado nuestras oraciones juntos y estamos entusiasmados por eso. Ella me hizo explicarles a nuestra hija más joven y su nuevo esposo lo que estamos haciendo [...] con la esperanza de animarlos a que se unan a nosotros. Estamos empezando con Filipenses, y el primer día cuando llegamos a la frase: "Doy gracias a mi Dios cada vez que me acuerdo de ustedes", le dimos gracias al Señor por una gran cantidad de personas en nuestras vidas. Mi esposa empezó a agradecerle a Dios por los que nos han herido en el ministerio (afortunadamente, no muchos) [...] dándole gracias por ellos y por cómo Él los usó para nuestro bien. Ella estaba llorando [...] fue una experiencia maravillosa para los dos. ¡Y eso fue solo el primer día! Estamos en el viaje con usted.

—RICK

Sᴀᴍ ꜱᴇ ᴍᴀᴛʀɪᴄᴜʟó en las clases del seminario de verano cuando yo era una madre joven tratando de lidiar con dos niños menores de cinco años. Nos mudamos a un pequeño apartamento cerca del seminario, planeando vivir allí durante tres meses. No sabía qué tan apretada se sentiría la vivienda para nuestra familia de cuatro.

Asistíamos a una iglesia cercana, y un domingo por la mañana mientras regresábamos a casa, Sam encendió la radio. "Cada día con Jesús", una canción popular de la época, brotó felizmente de las bocinas. Sin embargo, otras cosas también brotaron dentro de mí. Mi abrumado corazón gritaba en silencio, y yo golpeé el botón apagando la radio. Sam me miró como preguntándome: "¿Qué sucede?", y yo le respondí con el silencio. No obstante, interiormente le grité a Dios: *¡Eso no es cierto para mí! ¡Estas personas son mentirosas o están delirando, o tienen algo que yo no estoy experimentando! ¡Así que, si eso es real, si tú eres real, necesito que me ayudes a resolver mi problema!*

No hubo un "querido Jesús" al principio o "en el nombre de Jesús" al final, solo un llanto del corazón, un clamor del alma de alguien que se sentía abrumada, emocionalmente alterada, y totalmente impotente para hacerle frente a la miseria que estaba sintiendo.

En ese momento, no tenía idea de lo que me sucedía o cómo afectaba mi vida de oración o, si vamos al caso, cualquier tipo de intimidad con Dios...o mi relación espiritual con Sam. Ahora, treinta y cinco años después de aquel estresado día, tengo una muy buena comprensión de mi problema. Tenía muchas cosas reprimidas muy profundo dentro de mí que necesitaban ser abordadas. ¡Mi vida requería un análisis serio!

TODO EMPACADO, PERO NINGÚN LUGAR CERCA LISTO PARA IR

Cuando las parejas llegan al altar matrimonial, están preparadas para intercambiar votos, celebrar con los amigos y familiares, y sobre todo, pasar tiempo con su nuevo cónyuge en lo que suponen será una luna de miel maravillosa. Preparamos nuestras maletas para ese viaje especial, pero de lo que no nos damos cuenta es de todo lo que estamos llevando con nosotros...para estos días especiales y cada otro día de nuestra vida de casados.

Llegamos al altar con maletas emocionales invisibles llenas de expectativas, temores, perspectivas, actitudes y creencias que hemos estado coleccionando desde el día en que nacimos. ¡Y algunas son saludables y otras *no* lo son! Este equipaje oculto afecta a todos los aspectos de nuestra vida matrimonial, incluyendo la intimidad espiritual y la vida de oración que compartimos con nuestros maridos. El día de nuestra boda, no tenía ni idea de que mi maleta incluso existía. Sin embargo, a lo largo de los años mi conciencia de esta y el desembalaje de su contenido han sido críticos a fin de prepararme para la unidad espiritual con Sam y nuestra vida de oración mejorada juntos.

Al principio, no tenía idea de cómo los acontecimientos pasados y las subsiguientes emociones no resueltas me habían afectado y de qué forma podrían impactar mi futuro. Eran una fuerza poderosa, que dominaba mi comportamiento, y yo ni siquiera sabía que estaban allí.

Sam y yo asistimos a la consejería prematrimonial, y las sesiones abordaron algunos retos comunes de nuestra vida futura juntos. Eso ayudó, pero no tanto como supuse que lo haría. Pensé que el pasado era el pasado, y desde que pudiera recordar, mis padres me enseñaron que independientemente de los problemas o las decepciones que uno enfrentara, solo debía seguir adelante.

Para mi sorpresa, cuando la vida con Sam comenzó, descubrí que las situaciones repetidamente parecían *no* sacar lo mejor de mí. En realidad, algunas situaciones absolutamente sacaban lo peor. Actitudes, reacciones y sentimientos inadecuados, miedo, ansiedad y solo pura infelicidad me inundaban. La promesa de ser felices para siempre, que creía que simplemente se haría realidad, no era lo que estaba viviendo. En su lugar experimentaba depresión, ira y una extrema decepción con la vida, porque no estaba consiguiendo lo que esperaba. Por supuesto, la única cosa que podía ver en mi vida que había cambiado era que me había casado. Así que mi lógica simple proveyó la única conclusión posible: *mi marido está causando todo esto.* Ciertamente, él—como todos los hombres—trajo su propia maleta invisible a nuestro matrimonio, pero la lección para mí fue que Dios quería desempacar mi maleta emocional usando mi matrimonio como una herramienta para la tarea. Ciertamente, no pensaba que había firmado para eso.

Antes de decir nuestros votos matrimoniales, todos acumulamos durante toda la vida hasta ese punto emociones y sucesos buenos, malos y feos. Sin embargo, la mayoría hemos estado mal equipados para procesar las emociones que vinieron con los sucesos, éramos demasiado jóvenes e inexpertos para ser conscientes de tales emociones, o no se nos permitió expresar lo que estábamos sintiendo. De mi familia de origen, aprendí a ocultar mis emociones mientras crecía. El ritmo de la vida y las exigencias de criar a cinco hijos no les permitía a mis padres mucho tiempo para nada más que trabajar, comer y dormir. Esa es la forma en que crecí durante las décadas de 1950 y 1960.

Si bien no me arrepiento de mi educación, sí reconozco que me dejó mal preparada para manejar mis emociones de una manera saludable. Simplemente, adopté el método de mis padres de vivir sin procesar mis emociones. Esto puede haberme ayudado a sobrevivir durante mis primeros años de dolor y confusión, pero a la larga, esas emociones comenzaron a resurgir y causar un daño real.

Mientras reflexiono ahora en lo que traje a mi matrimonio, creo que si Sam pudiera haberlo percibido todo de un vistazo, la ceremonia tal vez habría terminado abruptamente con un "No acepto" en lugar de "Sí acepto". ¡Y sospecho que muchas otras ceremonias matrimoniales podrían tener la misma conclusión!

DOS TIPOS DE MALETAS

A partir de mis experiencias en mi matrimonio de cuarenta años y de observar a la naturaleza humana durante treinta y cinco años en el ministerio cristiano, he llegado a pensar que todos llevamos dos tipos de maletas: el equipaje *universal* y el equipaje *individual*. Todos luchamos con la ira, la amargura, los celos y el orgullo. Este es el equipaje universal que viene con nuestro ser pecaminoso innato. Todo el mundo tiene estos problemas de pecado. No obstante, las cosas se ponen difíciles cuando nuestro equipaje individual se interpone en el camino.

Mientras que nuestras vidas pueden ser similares con respecto al pecado, el efecto de nuestros problemas individuales en nuestra maleta interior puede ser muy diferente. Estos problemas son resultado de los sucesos de la vida, por lo general del trauma y la falta de procesarlo con la verdad. Si no procesamos las cosas honestamente, nunca estaremos preparados para el tipo de intimidad emocional y espiritual que Dios desea que tengamos con nuestro cónyuge. Dios usó a Sam para revelar uno de mis problemas, una mentira que había creído desde la infancia, la cual había minado nuestra intimidad así como también mi estabilidad emocional.

Sam estaba sirviendo en el equipo pastoral de nuestra iglesia en ese momento y, debido a su talento como maestro, se le pedía de vez en cuando que dirigiera un estudio bíblico para las mujeres. Mientras él salía de la casa para enseñarle al grupo de damas un día, una nube de rechazo se estableció sobre mí. Sentí como si Sam hubiera estado emocionalmente ausente durante los últimos días. *Las necesidades de otras mujeres son más importantes que las mías*, pensé. Después de hablar con un consejero amigo mío, me di cuenta de que mi miedo al rechazo provenía de un trauma de la infancia. Mientras mi padre había estado físicamente presente, siempre se había mostrado distante desde el punto de vista emocional, causando que me sintiera abandonada por él. Ese equipaje multiplicaba mi reacción hacia mi esposo. No obstante, una vez que descubrí la fuente real de mi problema, puse mi situación actual en perspectiva y acabé con esta mentira que me separaba de Sam. Mi corazón estaba lleno de lo que 2 Corintios 10:5 llama vanos "argumentos y toda altivez que se levanta contra el conocimiento de Dios".

Escenarios como este han surgido muchas veces, pero he llegado a comprender que no son nuestros traumas los que nos definen; es lo que nos decimos a nosotros mismos con respecto al trauma. La distancia emocional que me separaba de mi padre, por ejemplo, me llevó a adoptar la creencia de que los hombres no están realmente interesados en las relaciones a un nivel emocional. Así que, al principio en mi matrimonio, proyecté esa opinión de los hombres sobre Sam. Elegí creer que mis necesidades no debían ser importantes, y por eso ni siquiera las expresaría. ¡Hablando de poner a Sam en un dilema!

LA UNIVERSIDAD DE UN SOLO SER

El matrimonio es una institución increíblemente poderosa para ayudarnos a desempacar nuestras maletas invisibles. Como la mayoría de las novias, me paré en el altar emocionada por embarcarme en mi nueva vida matrimonial. Sin embargo, no me di cuenta de que mis votos me inscribieron en la *Universidad de un solo ser* y me dieron la oportunidad increíble de alcanzar la libertad al conocer a mi esposo y a mí misma. ¡No obstante, el precio sería permitir que Dios desempacara mi confusión emocional!

El curso de instrucción de Dios incluía usar a mi esposo como una lección práctica. A través de la forma en que interactuaba con él, Dios revelaría lo que realmente estaba en mí y me liberaría de mi sistema de creencias incorrecto que había formado de manera muy sistemática mientras empacaba todo. Dios gradualmente se introdujo en mi mente e implantó en ella las verdades de su Palabra y, poco a poco, un modo mejor de pensar cambió mis sentimientos. Mi comportamiento se modificó también, y la intimidad espiritual con Sam se hizo más profunda.

¡PROCÉSALO!

Una supuesta solución para manejar los problemas emocionales en estos días es "encárgate de eso; supéralo". Sin embargo, en un sentido práctico y cotidiano, ¿cómo podemos hacer esto? ¿Hay una fórmula? ¿Una pastilla que tomar? ¿Hay un versículo bíblico que declarar de modo que una varita mágica espiritual haga que el problema deje de existir? ¿Acaso el tiempo causa que nuestras emociones acumuladas se resuelvan por sí mismas y se evaporen? ¿Dejaremos atrás nuestros problemas? Si leo un libro, asisto a una conferencia, hablo con un amigo y escucho el sermón correcto, ¿mi dolor interior se resolverá?

Si bien cualquiera de estas posibilidades puede ser parte de la solución, ninguna de ellas es un remedio mágico. Por la gracia de Dios, he experimentado que debemos animarnos realmente a "encargarnos de eso" de una manera sana. La respuesta completa es *procesarlo*. Solo mientras procesamos las mentiras que creíamos y las emociones asociadas a ellas podemos evitar el síndrome del atiborramiento. Si *procesamos a medida que avanzamos*, seremos capaces de tener vidas libres de las emociones perjudiciales. ¡Entonces, y solo entonces, podremos vivir en el presente y llevar maletas ligeras o vacías!

Creo que es a esto a lo que Dios y las Escrituras se refieren al hablar acerca de la *santificación*. La santificación tiene lugar en nuestras almas, y es un...proceso. Al transitar por la vida, Dios reemplaza continuamente las mentiras que hemos creído con la verdad de su Palabra. En lugar de falsedades, podemos abrazar verdades poderosas con respecto a nosotros mismos, Dios y los demás...especialmente nuestro cónyuge. La *verdad* nos da la paz, la alegría y la libertad que Dios quiere que tengamos. En Juan 8:32, Jesús dijo: "Conocerán la verdad, y la verdad los hará libres". De forma típica, Dios usa las circunstancias externas y las relaciones con los cónyuges e hijos para exponer las mentiras y falsas creencias en las que estamos enredados. Cada uno de nosotros llenamos nuestras valijas en nuestra familia de origen, y ahora Dios usa a nuestra familia actual para ayudarnos a desempacarlas. Esto es algo divinamente orquestado y arreglado de manera sistemática por nuestro Padre celestial, que nos ama profundamente y quiere que experimentemos la vida abundante que prometió...desde adentro hacia afuera.

¿DÓNDE ME LLENÉ DE TODAS ESAS COSAS?

Nuestras maletas interiores están compuestas de tres compartimentos superpuestos: mente, voluntad y emociones. Si hemos acumulado nuestras emociones durante años y no las hemos procesado a lo largo del camino, ellas pueden hacerse oír, pero lamentablemente la fuente puede ser difícil de identificar. Cuando las emociones no procesadas se acumulan, nuestra mente se llena de las falsedades que hemos creído y nuestras almas sufren. Nuestra voluntad es dictada por nuestra mente, controlada por la emoción. Sin embargo, Dios desea que nuestra *mente* sea renovada, para que nuestra *voluntad* pueda responder, y luego nuestras *emociones* puedan ir detrás en plenitud y verdad. Este es el orden que Dios diseñó para la salud espiritual que mejora la intimidad relacional y la unidad espiritual con nuestro cónyuge. Dios desea nuestra cooperación, pero no violará nuestra integridad como personas. Él desea nuestra voluntad. Él desea nuestra sumisión.

Así que esto nos lleva a algunas preguntas cruciales: ¿Está usted dispuesto a ser seriamente honesto consigo mismo y a admitir que necesita enfrentar y desempaquetar su maleta emocional? ¿Está cansado de la misma vieja incertidumbre de su corazón? ¿Está agotado de usar los recursos humanos a fin de manejar sus emociones reprimidas? ¿Está dispuesto a hacer lo que sea que se necesite para permitir que Dios lo guíe en el procesamiento de su equipaje? ¿Está listo para dejar de culpar a otras personas y hacerse la víctima asumiendo su responsabilidad personal más que nunca antes?

Posiblemente es el momento de que *usted* haga algo de búsqueda del alma o, debo decir, de permitir que Dios haga la búsqueda del alma. Él es el único que sabe por dónde empezar. Puede ser abrumador y, muy honestamente, hasta depresivo comenzar a desempacar. También puede ser doloroso (a menudo me refiero a ello como "cirugía del corazón sin anestesia"), pero si va a crecer en lo que respecta a una intimidad espiritual genuina con su cónyuge, tiene que procesar estas emociones no saludables. Sus oraciones flaquearán hasta que lo haga.

Mi desembalaje comenzó el día que apagué la radio con disgusto cuando se escuchaba la canción "Cada día con Jesús". No me di cuenta en ese momento, pero invité a Dios a tomar mi maleta llena.

Cuando le dije a Dios que Él tendría que ayudarme a entender lo que estaba sintiendo, comenzó a brindarme su ayuda para procesar todas las cosas ocultas. Yo no tenía ni idea de por dónde empezar, pero Él lo hizo. Solo quería mi permiso y mi cooperación. Dios estaba esperando para ayudar, esperando a que yo llegara al límite de mis fuerzas para buscarlo e incluirlo en el proceso. Nunca había visto a ninguno de mis padres involucrar a Dios o a Jesús en sus vidas de esta forma práctica. Ellos habían modelado solo "apretar los dientes y seguir adelante". ¡Pero eso no funcionaba para mí! Yo quería algo más y esperaba que Dios pudiera realmente lograrlo. Tenía mis dudas, pero mi desesperación era mayor.

UNA EMPACADORA CAÓTICA

Sam y yo viajamos mucho debido a nuestras misiones en el extranjero, pero no importa cuántos viajes hagamos, siempre es una lucha para mí para empacar mi maleta de manera eficiente. Sin embargo, Sam, es una máquina de embalaje. Ha convertido la tarea en toda una ciencia, y aunque he aprendido mucho de él y su "lista de comprobación de embalaje", para mí, preparar mi maleta es todavía más como una ciencia experimental. ¿Todo cabrá? ¿Pesará demasiado? ¿Seré capaz de volver a guardarlo todo? ¿Qué hago con estos espacios pequeños y extraños que quedan en los que nada encaja? O peor, ¿y si no queda espacio y tengo más cosas necesarias que llevar?

Mi maleta emocional ha sido de la misma manera: difícil de empacar y difícil de desempacar. Así que si usted es como yo, puede estar pensando: *¿Desembalar mi maleta emocional? ¿Estás bromeando?* Esto puede parecer desalentador, pero no se rinda antes de empezar.

Dios es un Dios de orden y convicción, pero no de condenación. Él es paciente para esperar y solo comenzará a obrar cuando le entreguemos la maleta. Tal vez usted está experimentando un montón de dolor, y simplemente no sabe por dónde empezar. Si es así, comience como yo, con un grito de desesperación. Sea honesto con

Dios y con usted mismo. Admita su necesidad de que Él la guíe suavemente a través del proceso, y empiece a mirar hacia adentro para limpiar, procesar y dejar ir las cosas.

Puesto que todos estamos en un lugar diferente en este viaje, no hay un conjunto de reglas que seguir o una fórmula para hacer que el proceso resulte "rápido e indoloro". Como mencioné antes, su cirugía del corazón será dolorosa a veces, pero eso no significa que el proceso está mal o se haya descarriado. Cuando experimentamos dolor, la tensión puede detener el proceso si lo permitimos. Siempre traigo a mi mente el libro de los Salmos y al rey David cuando pienso en detenerme. Amo los Salmos porque son expresiones verdaderas y sentidas de un hombre que está tratando de *procesar su dolor*. David se quedó estancado con regularidad en lo que respecta a resolver sus emociones, pero siempre terminó aferrado de un modo más firme a la fidelidad de Dios.

Muchas veces, mientras leo un salmo, me imagino a David sentado, ya sea dictándoselo a un escribano o escribiendo él mismo las palabras. Puedo imaginar que tal vez escribiría unas pocas frases, se levantaría, caminaría un poco, se recordaría a sí mismo la verdad, tal vez golpearía su puño y hablaría en voz alta con Dios... siendo honesto con Él acerca de su dolor. Luego supongo que volvería a escribir un poco más. Imaginarlo de esta manera me ayuda a verlo procesando el *trauma* y admitiendo el dolor emocional asociado a este. Entonces concluye con la verdad y se da aliento con respecto a Dios, él mismo y los demás. Esto es lo que yo llamo un *procesamiento saludable*. ¡Usted puede aprender esto de los Salmos también!

He estado desempacando durante unos cuarenta años, y aunque no he terminado (y no seré totalmente santificada hasta la muerte), Dios ha hecho una gran obra en mi alma. Quisiera compartir algunos principios para animarlo en su propio proceso de desembalaje. He reducido mi lista a tres principios fundamentales a los que me aferro... ¡algunas veces para poder vivir la preciosa vida!

Principio # 1: Deje que Dios sea su guía en la pesca.

Jesús fue un pescador experto y les dio a sus discípulos instrucciones precisas sobre dónde lanzar sus redes. Del mismo modo, Dios sabe qué, con nosotros, todo es "en las profundidades". Él trabaja debajo de la superficie y detrás de escena para disponer acontecimientos, situaciones y personas en nuestras vidas y familias que traigan a colación lo que necesitamos desempacar. Usted no tiene que imaginárselo. Dios sabe dónde lanzar las redes. Su papel es simplemente mostrarse dispuesto y vigilante.

Algunas de sus emociones han estado guardadas durante años, y se requiere trabajo para llevarlas a la superficie. Francamente, algunos de los asuntos pueden ser bastante desagradables, y puede sentir algo de vergüenza asociada con ellos. Y debido a que puede tener que lidiar con las emociones más de una vez (¡muchas más!), anímese. Dios establecerá un ritmo que es correcto para usted. Solo tiene que aceptar que Él obrará según su orden y su tiempo. Esté preparado para recordarse esto una y otra vez.

¿Recuerda al rey David? Él huyó del rey Saúl durante *diez años*, pero Dios trajo la verdad a su alma mientras sufría y esperaba.

Principio # 2: No juzgue el equipaje por su color.

Nosotras las mujeres tenemos una tendencia a comparar nuestra vida con la de otras personas. Vemos las caras sonrientes en la iglesia, los niños obedientes mientras caminan respetuosamente con sus padres, los esposos y esposas que parecen disfrutar el uno del otro, y llegamos a una conclusión automática: "¡Vaya! ¡Lo tienen todo perfecto, y yo soy un gran fracaso!". Creí esta mentira muchas veces hasta que el Señor me recordó una verdad importante que un querido amigo me dijo hace años: "Nunca se sabe lo que ocurre detrás de puertas cerradas". Otra manera de decir esto es que usted no sabe lo que hay en la maleta de otra persona.

Cuando viajo, he estado parada junto al carrusel del equipaje mirando pasar las diferentes valijas de colores. Las más caras son las más llamativas y atractivas, y muchas veces me digo a mí misma: *Me pregunto qué hay en esa maleta. Se ve muy bonita y probablemente esté llena de ropa hermosa y cara.* Sin embargo, realmente no tengo ni idea de quién es el dueño de esa hermosa valija, y yo no cambiaría mi equipaje por el contenido de la maleta de otra persona, así como no cambiaría mi vida por la suya. No tengo ni idea de lo podría realmente estar recibiendo.

A veces es difícil no compararnos a nosotros mismos y nuestras vidas con otros, pero al menos puede ser realista y honesto—y me atrevería a decir *bíblico*—sobre ello. Dios ha diseñado nuestras vidas para cada uno de nosotros. Él permite que los problemas, los juicios e incluso el trauma de este mundo pecaminoso sean parte de nuestras experiencias, de modo que su gracia pueda también hacerse evidente en ellas. *Todo el mundo* tiene una historia de desamor, decepción, dolor o injusticia. El hecho de que observe solo lo que se ve desde afuera y desee la vida de otra persona porque parece no tener preocupaciones no es solo un truco del diablo para que rechace el buen plan de Dios para usted, sino que lo mantiene distraído de enfocar su energía en su propia maleta. Dios tiene un *gran plan* para algún día exhibirnos a cada uno de nosotros como trofeos de su gracia y misericordia. Estaremos en exhibición de acuerdo con la medida de gracia que le hemos permitido mostrarnos. Así que lo animo a que acepte el plan que Dios tiene para su vida, crea que Él está en control, y comprenda que todas sus experiencias tienen un propósito.

Dios conoce el contenido de nuestras almas atiborradas. Él estaba allí cuando las llenamos, y las desempacará cuando se las entreguemos. Sabe exactamente lo que necesitamos para llegar a ser conscientes del contenido, pero como la mayoría de nosotros está en la oscuridad con respecto a lo que llevamos dentro, necesitamos una situación provocadora y actual para revelar lo que se encuentra realmente ahí. Por eso Él ha puesto en nosotros lo que yo llamo un imán emocional. Este imán hace que nos sintamos atraídos a las iglesias o los matrimonios, y a mantener relaciones específicas con los vecinos y la familia política. Dios entonces usa las interacciones que se producen y los inevitables conflictos que resultan a fin de revelar nuestro equipaje. Para la mayoría de nosotros, el matrimonio es el lugar principal donde esto sucede.

¿Se ha preguntado alguna vez por qué una mujer se casa a menudo con un hombre cuya personalidad es similar a la de uno de sus padres? Tal vez usted ha visto esto en su propia relación. Pregúntese: *¿Mi cónyuge me recuerda más a mi papá o a mi mamá?* A veces la conexión está escondida al principio, sin embargo, ¿cuántas veces ha pensado o dicho: "Eso me recuerda a mi papá (mamá)", y no siempre es un recuerdo agradable? Dios ha usado su imán interior para atraerlo a un cónyuge que a la larga le recordará algo que sus padres hicieron o dijeron. Eso puede haber sido traumático, y se lo guardó. Ahora Dios quiere usar a esa persona de la actualidad para sacar el asunto a la luz de modo que usted pueda bíblicamente procesar su maleta. Si algo de su cónyuge está tocando una fibra sensible en usted, puede ser justo lo que necesita para identificar algunas de sus emociones ocultas y sin procesar.

Usted puede recordar de la clase de ciencias que los imanes no solo atraen, sino también pueden repeler. He visto esta característica en acción en mi matrimonio, y no es útil. Recuerdo una vez en la que sentí que Sam me repelía. Él regresaba de un viaje misionero de una semana a Haití, y desde que no teníamos a ningún familiar inmediato viviendo cerca, me sentí muy sola durante esa semana cuidando a nuestras tres niñas pequeñas. Sam recibió el mensaje sobre mi infelicidad en el momento en que bajó del avión: yo no estaba allí. ¡Había reclutado a un amigo a fin de que llevara a nuestras hijas al aeropuerto para reunirse con él! Simplemente no tenía el estado de ánimo adecuado para saludarlo y sabía que necesitaba una ayuda seria antes de que él llegara a casa.

Con el apoyo de mi amiga consejera, escribí mis sentimientos y me di cuenta de que mis emociones fueron alimentadas por el sentimiento de abandono no procesado que experimentaba desde la infancia. Yo había creído durante tanto tiempo la mentira de que no era lo suficiente buena como para que Sam se envolviera emocionalmente, que al final me derrumbé. Con el tiempo, me aparté a mí misma del borde del precipicio aplicando la verdad de que el Señor nunca me dejará ni me abandonará (Deuteronomio 31:6) y que el Dios soberano me ama incondicionalmente. Estas verdades de la Palabra de Dios también me impidieron "lanzar por el acantilado" a Sam ese día cuando él dio un paso más allá del umbral de nuestra puerta.

Principio # 3: Dios nos da pruebas con el "libro abierto".

No soy muy buena examinándome. Me pongo ansiosa, confundida y me abrumo con facilidad. Nunca me siento bien preparada. Dudo antes de responder y mi segunda conjetura es la mejor. Así que realizar un examen, para mí, es algo muy estresante.

¡Sin embargo, me encantan las pruebas con el libro abierto! Nada es mejor que escuchar al profesor anunciar un examen y continuar con estas palabras salvadoras: "Pero ustedes pueden utilizar su libro y sus notas para el mismo". ¡Sí! Eso significa que solo tengo que familiarizarme con la información y desarrollar un sistema para encontrar rápidamente las respuestas. ¡Vaya! ¡Qué diferencia!

Dios es como ese maestro. Él nos ha dado misericordiosamente su Libro para estudiar, aprender, y orar a través de este mientras estamos en el proceso. Él no solo nos da sabiduría y respuestas, sino que también nos rodea de personas que nos han precedido y nos pueden ayudar. Dios usará fielmente a amigos, pastores, autores, cursos y discusiones en grupos pequeños a fin de incitarlo. Usted no está solo en este viaje de procesamiento, y si se siente aislado y piensa que Dios está en su contra y "anda detrás de usted", se trata únicamente de otra mentira de sus emociones. Su mejor aliado es el amante supremo de su alma, Dios mismo. Y mientras más intencionalmente usted y su cónyuge oren a través de la Palabra de Dios juntos, más pruebas en la vida tendrán que pasar, individualmente, en su matrimonio y en su familia.

DESEMPAQUE Y ORE

A menudo queremos culpar a otros por nuestras desdichas y emociones difíciles…en particular, queremos culpar a nuestro cónyuge. Obviamente, según el grado en que les echamos la culpa, tendremos más dificultades para conectarnos con ellos en la oración. Así que si Dios usa a los cónyuges para ayudar en el proceso de desembalaje (como lo hizo conmigo), necesitamos dejarlo. Dios es el cirujano que corta profundo en nuestras emociones; es el cerrajero que abre los armarios repletos de sentimientos dañinos; y es el granjero que ara la tierra endurecida. A veces, probablemente piense que su cónyuge es el enemigo, pero Dios está usando a la persona más cercana (o las personas, si tienen niños), ya que a fin de desempacarnos Él necesita crear el mismo ambiente emocional en el que hemos empaquetado todo en primer lugar.

Cuando usted tiene una infección física, causada por un trauma profundo en sus tejidos, necesita que alguien la detecte con el objetivo de aplicar el medicamento correcto para la curación. Si pierde esa perspectiva y culpa, rechaza, se retrae, o se niega a escuchar a su cónyuge y familia, sacrificará la oportunidad de tener cualquier intimidad en todos los ámbitos: emocional, espiritual o físico. Lamentablemente, esa es la situación que muchos matrimonios y familias enfrentan hoy. La gente culpa, se retrae, acusa, se distancia, se aliena y se divorcia por algunas de las mismas cosas que Dios está tratando de usar para atraer la atención de las almas enfermas y abarrotadas. Sin embargo, su matrimonio no tiene que ser así.

¿Confiará y se volverá a Aquel que estuvo a su lado mientras atiborraba su alma con ignorancia y le permitirá que lo ayude a medida que lidia con el asunto —lo procesa— para alcanzar la sanidad? Solo usted puede darle permiso para revelar lo que ha estado oculto durante tanto tiempo. Y ese es un gran paso que puede dar para promover la intimidad emocional y espiritual con su cónyuge y su familia.

ORACIÓN JUNTOS

Busquen la paz con todos, y la santidad, sin la cual nadie verá al Señor. Asegúrense de que nadie deje de alcanzar la gracia de Dios; de que ninguna raíz amarga brote y cause dificultades y corrompa a muchos.

—HEBREOS 12:14–15

Padre que estás en el cielo, alentándonos y equipándonos para "buscar la paz con todos". Aunque es posible que resulte fácil orar así, puede ser algo difícil de hacer en realidad. Sin embargo, nos damos cuenta de que tenemos la responsabilidad de ser proactivos en la búsqueda de la paz. En una atmósfera de paz contigo, con nosotros mismos y de los unos con los otros, podemos decidir, en calma, prosperar y crecer en una santidad cada vez mayor. Vivir con pureza nos permite "ver al Señor" con más claridad y regularidad. Ayúdanos, Señor, a no perdernos tu gracia. Si una raíz de amargura envuelve nuestros corazones, no tendremos paz, y el resultado será dificultades y muchas personas corrompidas. Consuélanos y guíanos a la hora de desempacar las maletas emocionales de nuestros corazones para que podamos ser más como tú. Amén.

LA INTIMIDAD Y LOS OBSTÁCULOS DE LA MENTE DE UN HOMBRE

(POR SAM)

Sentí que el mensaje me estaba hablando directamente, en especial la parte de pensar que mi esposa, Teya, es más espiritual que yo. Fui y le pedí perdón a Teya por decepcionarla en lo que respecta a orar con ella. Le dije que deseaba hacerlo, y me respondió que eso era una respuesta a sus oraciones. Tal cosa es lo que mi esposa deseaba desde que nos casamos. Llevamos dos semanas orando y hemos estado experimentando un amor por Dios y del uno hacia el otro más fuerte que nunca.

—DEANDRE

Después de treinta años de matrimonio, diría que Ruth y yo estábamos comprometidos, pero cansados y faltos de esperanza. Creo que la mayoría de nuestros problemas están relacionados con mi liderazgo pobre. Ciertamente, no sentía pasión por Dios y mi esposa [...] He comenzado a orar la Palabra con Ruth y sentido que Dios está comenzando a soplar un poco de viento fresco en nuestras velas.

—STACY

U<small>N INDIVIDUO SE</small> sentó en la primera fila durante el desayuno de un seminario para hombres usando una camiseta con letras grandes en el frente y la espalda. El frente decía: "Yo no soy el hombre que debiera ser...", y la espalda declaraba: "¡Pero gracias a Dios no soy el hombre que solía ser!". La camiseta presenta una declaración de confesión al frente y una declaración de esperanza en la parte de atrás. Y esto resuena, ¿cierto? Claramente, nadie llega a ser lo que debiera ser de este lado del cielo.

Yo (Sam) imagino que con más determinación y obediencia, cada uno de nosotros podría estar más lejos en el camino que nos lleva a madurar y agradar a Dios. Sin embargo, por otro lado, espero que podamos mirar por encima de nuestro hombro en este viaje de la vida y verdaderamente darle gracias a Dios porque no estamos donde solíamos estar. Hemos experimentado la vida y a Dios; hemos aprendido y crecido; y estamos más adelante en el camino estrecho que es conforme a la vida de Jesucristo tanto en nuestras vidas individuales como en nuestro matrimonio. Tenemos una medida de logro y alegría al haber ganado algo de terreno. No obstante, sabemos que hay un viaje sustancial—y tal vez desalentador—aún por delante.

LO MÁS DIFÍCIL DE HACER

Durante los últimos años, he conversado con muchos cristianos acerca del problema de la intimidad espiritual en el matrimonio, en particular sobre el tema de la oración con nuestras esposas. También he hablado con la mayoría de mis amigos varones cristianos sobre el asunto, y con todos los hombres de mi familia extendida.

Francamente, muchos de estos son hombres piadosos, involucrados en ayudar a otras personas a encontrar y perseguir una relación con Dios. Entre ellos hay pastores, ancianos, diáconos, profesores de seminario, líderes ministeriales, misioneros, maestros de la escuela dominical y presidentes de ministerios. Y cuando hago la pregunta: "¿Oran ustedes con sus esposas?", he visto las expresiones faciales en los bancos, los desayunos para hombres, las conferencias y los seminarios en Estados Unidos, Colombia y Rumania. Sin exagerar, les digo que la respuesta ha sido prácticamente unánime. En cierto nivel, cada uno de nosotros lleva la carga de que no lo estamos haciendo bastante bien en la intimidad espiritual en nuestro matrimonio, y particularmente en lo que concierne a la oración con nuestros cónyuges.

Un recorrido por cualquiera de nuestros corazones, como hombres, revelaría antecedentes únicos y un laberinto de experiencias que han conformado lo que somos hoy. Más allá de lo psicológico, lo emocional, la familia de origen y otros factores que contribuyen, también hay un escudo oscuro de resistencia espiritual que busca bloquear los esfuerzos de los hombres cristianos. La oposición espiritual no quiere que ninguno de nosotros avance más intencionalmente a desempeñar el papel de sacerdote de la familia.

Este espíritu oscuro invade la casa, y si usted y yo no nos levantamos del sofá y enfrentamos al extraño que ataca nuestros hogares, ¿quién va a hacerlo? ¿Nuestras esposas? ¿Los hijos? ¡Ja! ¿Estamos bromeando? Como hombres, sabemos que estamos diseñados no solo para ser los proveedores de la familia, sino también los *protectores* de nuestros matrimonios y familias. ¡Somos nosotros los que necesitamos sacar a rastras al extraño por la puerta principal!

SIN UN PLAN A SEGUIR

En todas mis conversaciones con los hombres, he descubierto una serie de razones de por qué abdicamos la responsabilidad de acercarnos más a nuestras esposas de manera regular e intencional a fin de conectarnos espiritualmente. Algunos de nosotros no tuvimos el modelo de un esposo y padre espiritual en nuestra familia de origen. Esa fue mi situación.

Aunque fui criado en un hogar *religioso*, no era un hogar *cristiano* de por sí. Mi papá no era un feligrés cuando mis hermanos, hermanas y yo éramos jóvenes. Mis padres requirieron que nosotros los niños asistiéramos a las clases y los servicios religiosos, pero no fueron con nosotros a la iglesia muy a menudo. Papá trabajaba duro seis días a la semana a tiempo completo y también en múltiples empleos a tiempo parcial a fin de proveer para nuestra gran familia, por lo que consideraba que el domingo era su tiempo personal, el cual empleaba principalmente en la caza. Como resultado, en mi vida faltó el modelo de un padre espiritualmente comprometido.

Tal vez su herencia espiritual fue similar. Si es así, debe comprender que esta falta de un buen modelo no lo libra de la responsabilidad. Ahora somos esposos y padres cristianos, y debemos encontrar una manera de edificar hogares espirituales con pocos planos a seguir, o incluso con ninguno.

DOS OBSTÁCULOS QUE SUPERAR

Cuando estaba en la escuela secundaria, yo era un poco más bajo que muchos de mis compañeros de clase, pero como era bastante rápido, integré el equipo de atletismo. Aunque estaba lejos de ser una de las estrellas del equipo, al final de la temporada había conseguido el derecho a llevar dígitos cosidos a mi chaqueta de la escuela secundaria. No recuerdo cómo sucedió esto, pero una de las competiciones en las que participaría era la carrera con obstáculos.

En la carrera con obstáculos no solo debía correr alrededor de la oscura pista de grava y permanecer en el carril, sino tenía que saltar sobre una serie de obstáculos a lo largo del camino. Para variar el desafío (supongo), había dos tipos de carreras con obstáculos: la de obstáculos bajos y la de obstáculos altos. Siendo el sujeto bajo que era, ¿en qué carrera con obstáculos cree que corrí? Ya que los obstáculos altos me llegaban a la nariz, corrí en la de los bajos. Había practicado diligentemente la forma correcta de saltar sobre un obstáculo y lo hice bien con los bajos, sin embargo, ¿qué tal con los altos? ¡Olvídelo! Ni siquiera valía la pena intentarlo. Y eso es lo que he descubierto que la mayoría de los hombres piensan en cuanto al liderazgo espiritual genuino. Los obstáculos son tan altos, que sienten deseos de rendirse incluso antes de empezar.

Les he preguntado a muchos hombres por qué piensan que esta lucha es tan común, y he compendiado sus respuestas en dos obstáculos altos que parecen interponerse en el camino de todos.

Obstáculo # 1: Intimidación

El factor de intimidación básicamente suena así: "Mi esposa me aventaja espiritualmente".

La verdad es que muchos de nosotros reconocemos que nuestras esposas están caminando más diligente e intencionalmente con el Señor que nosotros. Eso nos intimida a pensar que tal vez no tengamos mucho que añadir a lo que ella necesita. ¡Y lo que es peor, pensamos que podríamos importunarla si lo intentamos! Los hombres me han dicho cosas como:

✤ "¡Estoy seguro de que mi esposa ama a Jesús más que yo!".
✤ "Ella lee la Biblia más que yo".
✤ "Ella tiene una compañera de oración, y ambas realmente saben cómo orar. A veces oran durante una hora seguida o más".
✤ "Mi esposa lo está haciendo bien en lo espiritual sin mí".
✤ "¡Aparte de a nuestra clase de la escuela dominical, ella va a otro estudio bíblico cada semana, e incluso estudia los libros más desconocidos del Antiguo Testamento!".
✤ No sé qué hacer con ella.
✤ ¿Debo enseñarle el libro de Ezequiel? ¡Pero el problema es que yo mismo no conozco a Ezequiel!

Supongamos que le dijera a su esposa: "Está bien, querida, el tiempo ha llegado para que te sientes a mis pies, y enhebraré perlas de sabiduría espiritual sobre ti desde lo alto, donde yo habito". Junto con mi esposa, la suya diría: "¿En serio? Sé dónde moras, amigo. No voy a ir allí". Además, su respuesta pudo ser completamente correcta si usted empleó ese enfoque. Y la mayoría de nosotros lo sabemos.

Si siente que su esposa lo aventaja espiritualmente, ¿adivina qué? Quizá sea cierto. Tal vez ella lleva la delantera. Puede conocer al Señor más que usted, puede tratar de seguirlo más intencionalmente, y puede ser más diligente en las disciplinas espirituales.

Dios ha bendecido a muchos de nosotros con esposas temerosas de Dios, y lo primero que debemos hacer es agradecerle por esta realidad. Deberíamos estar diciendo: "¡Gracias, Señor, que has escogido unirme a una mujer que te ama!". En segundo lugar, tal realidad no es excusa para justificar nuestro retraso. Dios quiere usar el caminar de su esposa con Él para motivar su pasión espiritual.

Esto era cierto en mi vida. Dios me bendijo con Vicki, y ella se ha mostrado apasionada, enfocada e intencional en lo que respecta a seguir a Jesucristo desde que se convirtió en cristiana durante su adolescencia. Nuestros encuentros con el evangelio de Jesucristo sucedieron en circunstancias radicalmente diferentes, y desde el principio Vicki estuvo dedicada por completo a entregar su vida a Cristo y su servicio, pero yo no iba tan rápido.

A través de nuestro viaje espiritual, el Señor me mostró algo que ha sido muy liberador para mí, y tal vez lo será para usted también. Mi esposa no necesita ni desea que yo la discipule, especialmente si pensamos que el discipulado significa que debemos impartirle nueva información espiritual e ideas frescas a ella. Vicki ha conocido al Señor por más de cuarenta años, conoce bien la Biblia y es una intercesora por medio de la oración muy dotada. ¡Si intento ofrecerle nuevas ideas bíblicas con regularidad, se me van a agotar muy rápidamente! Fue un día liberador cuando al fin me di cuenta de que eso no es lo que Vicki necesita o incluso quiere de mí en lo espiritual. Ella no desea que le enseñe la Biblia. Ella quiere que yo la lidere espiritualmente.

Durante mucho tiempo, estuve confundido acerca de cómo es en realidad el liderazgo espiritual en el matrimonio. Esto no significa que somos más listos bíblicamente que nuestras esposas. No significa que conozcamos más versos de memoria que ella. Ni siquiera significa que le impartimos información espiritual y conocimientos. *Liderar espiritualmente a su esposa no es algo que se enfoca en la información, sino en la relación.* Implica caminar en una relación de tres: esposo, esposa y Dios. No es acerca de *cuánto usted sabe* a fin de enseñárselo a ella. Se trata de *quién es* como su compañero en la vida y de su compromiso a vivir unido a ella...y a Jesucristo. No se supone que vaya delante, halándola. Tampoco se pretende que la empuje desde atrás. Los dos deben caminar lado a lado en las realidades de la vida. Esto incluye las bendiciones de la cima de la montaña, las maldiciones de los valles profundos y oscuros, y todo lo que hay entre ellos. Tal manera de caminar mejorará su unidad, su perspectiva espiritual y si salud emocional.

Los matrimonios con frecuencia están desenfocados, pero por lo general una esposa desea que su marido se acerque a ella en una unión espiritual y emocional. Cuando hacemos eso, las esposas sienten nuestro amor y atención al matrimonio, el hogar y la familia tal vez como nunca antes. ¡Aunque puede ser algo difícil para usted escuchar esto, las oraciones con su esposa le importan más a ella y a Dios que las oraciones que cualquier otra persona pueda hacer con ella! Usted es su pareja y conforman un solo ser por medio del pacto del matrimonio, y cuando inclinan sus cabezas y corazones ante Dios en unión espiritual, esto resulta determinante.

Dios creó a Eva de la costilla de Adán, no de la coronilla de su cabeza, ni con la piel de la planta de su pie. La costilla vino del costado de Adán, y esa imagen es bastante reveladora. Dios tiene la intención de que el matrimonio sea una relación de pacto lado a lado. Nuestras esposas no han sido destinadas a estar debajo de nosotros o sobre nosotros, sino a nuestro lado. *Ese* es el matrimonio cristiano.

Por lo tanto, hombres, vamos a saltar sobre el obstáculo alto de la intimidación. Este obstáculo me impedía asumir plenamente mi papel matrimonial con Vicki. Con franqueza, sigo creyendo que ella está delante de mí en algunas dimensiones del conocimiento y el caminar con Dios, pero ese no es el punto. Yo busco acoger esta realidad con humildad y aceptarla como un desafío para crecer personalmente. Orar con mi esposa y usar la Biblia como guía produce un cambio radical. Me levanta sobre el obstáculo de la intimidación y nos coloca lado a lado en un vínculo marital más fuerte.

Obstáculo # 2: Miedo

Nos han dicho desde que éramos jóvenes que "los verdaderos hombres no tienen miedo".

Por lo tanto, ¿qué hombre quiere admitir que tiene temor de algo? Sin embargo, este segundo obstáculo puede hacernos temblar y escondernos, porque recordamos algo: "¡Mi esposa sabe quién soy realmente!". Los hombres me han dicho cosas como:

* "Nuestra familia ha contraído una deuda terrible debido a más de una tonta decisión mía".
* "Mi esposa conoce todos mis fracasos, defectos y pecados".
* "Pierdo la paciencia y les grito a los niños con bastante frecuencia".
* "No cumplo con las tareas del hogar como debería".
* "Veo el tipo incorrecto de películas, y mi lengua se me suelta bastante a veces".
* "Hay una polémica continua con fulano que se mantiene surgiendo, y ella sabe que estoy realmente lleno de amargura al respecto".

La lista sigue y sigue, y nuestras listas personales nos paralizan de miedo. El obstáculo del miedo nos condena, porque somos pecadores y obviamente su esposa lo sabe. Dada esta realidad, sabemos que nuestras esposas en realidad pensarán mal de nosotros si tratamos de parecer hombres espirituales. Imagine que acabo de gritarles a los niños y los he enviado injustamente a la cama.

Entonces supongo que debo dirigirme a mi esposa y decir: "Bueno, cariño, ¿vamos a abrir la Biblia en Proverbios y orar juntos?". ¡Sí, cómo no! Acercarnos a nuestras esposas espiritual y emocionalmente se siente demasiado revelador, vergonzoso y arriesgado. Colocarse bajo esa luz trae demasiada exposición. Y es casi seguro que nos sintamos hipócritas.

La respuesta habitual es evitar acercarse demasiado a nuestras esposas. Nuestra condenación y vergüenza alimentan nuestro miedo, así que soplamos el silbato y nos descalificamos a nosotros mismos. Nos vamos directo a la banca de castigo. Y no tenemos en verdad un plan para salir de ella. Esto deja a nuestras esposas e hijos patinando solos. ¡Ciertamente, no podemos ganar ningún juego cuando estamos confinados a la banca de castigo!

Así que piénselo: ¿Quién lo quiere en la banca? ¿Su esposa? ¿Sus hijos? ¿Quizá sus nietos? ¿Dios? Si vamos al caso, ¿realmente desea usted estar allí? Ninguna de las opciones anteriores es cierta. En verdad, solo hay una persona en algún lugar que lo quiere en la banca de castigo. ¿Y quién podría ser? ¡El diablo! Sí, Satanás quiere estar seguro de que usted y yo permanecemos fuera de la acción. El enemigo usa nuestra naturaleza caída para provocar pensamientos de condenación que nos persuaden a renunciar. Y orar con nuestras esposas es la última cosa que nos sentimos atraídos a hacer. Creemos que no somos lo suficiente buenos. No obstante, tengo algunas noticias para usted.

Noticia # 1: Tiene razón. ¡Usted no es lo suficiente bueno!

Ninguno de nosotros será lo *suficiente bueno* por nuestros propios méritos. Punto. Así que, ¿cuándo podríamos decir: "Está bien, ahora soy lo suficiente bueno para orar con mi esposa"? ¿Cuánto tiempo tomaría eso?

Acercarse a Dios no tiene que ver con que nuestra autojustificación nos califique para el encuentro. Como Isaías 64:6 afirma: "Todos somos como gente impura; todos nuestros actos de justicia son como trapos de inmundicia. Todos nos marchitamos como hojas; nuestras iniquidades nos arrastran como el viento". Y el Nuevo Testamento ofrece sobre la evaluación en cuestión: "No hay un solo justo, ni siquiera uno" (Romanos 3:10). Sin embargo, Dios, en su gracia, tiene la solución para nuestra crisis de pecado. Él proveyó a un sustituto para que sufriera la pena de muerte que merecíamos: su único Hijo, el Señor Jesucristo. Isaías 53:6 declara: "Todos andábamos perdidos, como ovejas; cada uno seguía su propio camino, pero el Señor hizo recaer sobre él la iniquidad de todos nosotros".

Gracias sean dadas a Dios por permitirnos el Gran Intercambio: "Al que no cometió pecado alguno, por nosotros Dios lo trató como pecador, para que en él recibiéramos la justicia de Dios" (2 Corintios 5:21). Esta es la esencia del evangelio. Dios hizo recaer sobre Jesús nuestra deuda de pecado y, a cambio, nos dio su justicia. Solo esta justicia de Jesucristo nos califica para la salvación eterna. Asimismo, nuestra calificación para presentarnos ante Dios en oración no se debe a quiénes somos, sino a quiénes somos en su Hijo Jesucristo.

Esto significa que usted no está descalificado para orar con su esposa. ¿Indigno? ¡Sí! ¿Pero descalificado? ¡No! (¡Y recuerde, no importa en cuán alta estima tenga a su esposa, su propia justicia no la hace a ella "lo suficiente buena tampoco"!)

Mi hermano, ninguno de nosotros es perfecto, pero considere esto: las respuestas, motivaciones y sanidades que necesitamos pueden fluir de la Palabra de Dios mientras oramos a través de las verdades y principios de las Escrituras. La unión relacional más poderosa que Dios previó sobre la tierra es la del esposo y la esposa. Ninguna otra relación se caracteriza por tal intimidad y términos personales como "un solo ser". Cuando invitas al Dios vivo a residir en el centro de tu matrimonio, tienes acceso a su vida de una manera única. Ingresar en esta unión de modo más intencional y regular desencadenará la unción de Dios en formas que no habría imaginado. Por otro lado, si se aleja del poder que reside en tal unión de oración, pierde el acceso al recurso más poderoso que usted tiene como un hombre casado.

Una vez, mientras dirigía una reunión de hombres sobre este tema de orar la Palabra en el matrimonio, Vicki observaba desde el fondo de la habitación. Al final de la charla principal, el grupo dio paso a un tiempo de preguntas y respuestas, y esta cuestión de los hombres que se sienten descalificados surgió. Compartí algunos de los mismos pensamientos que he ofrecido en este capítulo, y uno de los hombres tuvo la audacia de preguntar: "Oye, ¿qué piensa Vicki sobre este tema?".

¡Al principio puedo decir que ella se mostraba vacilante en cuanto a hablarle a una habitación entera llena de hombres, pero su respuesta dio en el clavo! Vicki dijo: "Sí, caballeros, sus esposas saben quiénes son. Ellas probablemente los conocen mejor de lo que se conocen ustedes mismos. Saben lo que harán y lo que no harán.

Saben cómo van a reaccionar ante las situaciones [...] ¡Ellas son sus esposas!

"Yo diría que probablemente hay dos cosas que realmente anhelan ver en sus vidas: honestidad y humildad. Ellas no están impresionadas por su fingimiento u ocultación. Quieren que sean honestos con ustedes mismos, ellas y Dios. Y esto está relacionado con la humildad, por supuesto. Si se acercan a ellas espiritualmente, con cierta honestidad y humildad, las probabilidades de que van a conmover y suavizar sus corazones son muy buenas".

Se podría haber oído caer a un alfiler en la habitación. Dios habló a través de Vicki al centro mismo de todos nuestros corazones.

Piense en el poder del consejo de Vicki para esa sala de maridos y padres cristianos. Hay dos pecados que frecuentemente nos hacen tropezar como hombres: la deshonestidad, que es lo contrario a la honestidad y el orgullo, que es lo opuesto a la humildad.

Irónicamente, pensamos que estamos siendo deshonestos si salimos de la banca de castigo, pero ese no es el caso. La verdad es que al permanecer en ella nos rendimos a la abdicación, abandonando nuestro puesto. En cambio, abrazar audazmente la honestidad y la humildad nos obliga a salir de la banca de castigo. Así que, salga. ¡Niéguese a volver! Basado en quién es en Jesucristo y en la autoridad de la Santa Palabra de Dios, levántese de la banca del castigo y regrese al hielo. ¡Su esposa, sus hijos y Dios le darán la bienvenida!

Noticia # 2: El ladrón viene solo para robar, matar y destruir.

Una noche después de regresar a casa de una reunión, me senté en el sofá de nuestra sala de estar a mirar algunos correos electrónicos. Vicki estaba en otra habitación, en la parte trasera de la casa, cuando de pronto una imagen borrosa llamó mi atención desde el otro lado del vidrio esmerilado de la puerta delantera. ¡Alguien se acercaba! Pensé que debía ser una de nuestras hijas adultas que venía a visitarnos, pero cuando la imagen se detuvo en nuestro porche, me di cuenta de que esta persona era demasiado grande para ser una de nuestras chicas. En realidad, parecía un hombre...¡un hombre de tamaño considerable!

Todo esto sucedió en tan solo unos segundos. Esperaba que el timbre sonara o que tocaran a la puerta, pero en cambio la puerta principal se abrió y un extraño cruzó el umbral. Salté del sofá, corrí a través del salón para encontrarme con el tipo, y coloqué mi mano abierta con firmeza en su pecho.

"Oiga, señor, ¿qué está usted haciendo?".

Estoy a favor de la hospitalidad, pero esta intrusión no merecía una bienvenida cálida bajo ningún concepto...¡especialmente tratándose de este hombre fornido de veintitantos años! Él estaba usando unos auriculares y llevaba un IPod en su mano, y cuando lo hice detenerse, pareció aturdido. Sus ojos se movieron de un lado a otro.

"¡Vaya, hombre, supongo que estoy en la casa equivocada!".

Notando la expresión en su rostro y su dificultad para hablar, al instante me di cuenta de que este sujeto estaba perdido, drogado de algún modo. Antes de que yo pudiera decir otra palabra, retrocedió y salió por la puerta principal. Aunque en retrospectiva no estoy seguro de haber hecho lo correcto, salí al porche detrás de él y le dije con firmeza que ciertamente había entrado en la casa equivocada y que no me gustaba mucho eso. Afortunadamente, nuestro encuentro cercano terminó con eso. Él se volvió y se alejó dando tropezones por la acera, pero para ese momento Vicki ya había aparecido. Cuando le conté lo que había pasado, ella se puso un poco pálida. Sin embargo, seguía deambulando por nuestra calle, así que decidí que era hora de llamar a la policía. Ellos se presentaron en poco tiempo, terminaron esposando al sujeto, y lo llevaron a la estación por borrachera pública y conducta desordenada.

Todo el incidente fue un poco inquietante, por decir lo menos. Solo podía pensar en lo que habría sucedido si yo no hubiera estado en casa. ¿Y si este tipo se hubiese topado con Vicki dentro de nuestro hogar? Ciertamente, el incidente reforzó la lección de que necesitábamos mantener nuestra puerta cerrada, incluso a pesar de que vivimos en una comunidad normalmente tranquila.

Esta historia también me recuerda que hay otro que desea entrar en nuestras casas sin ser bienvenido. Él es el ladrón sobre el que Jesús nos advierte en Juan 10:10 cuando señala: "El ladrón no viene más que a robar, matar y destruir".

Jesús se refiere al diablo como un *ladrón*, un ladrón asesino y destructivo. Sus planes siempre están diseñados para despojarnos de lo mejor de nosotros y nuestras familias. Ese es su *único* objetivo.

Cuando el enemigo lo convenza de que usted está descalificado para orar con su esposa, solo lo engaña para alejarlo de uno de los recursos más poderosos que tiene en su vida: la intimidad espiritual como un solo ser. Con este esquema sutil, él roba, mata y destruye una gran productividad en su vida y su familia. No obstante, el diablo se encuentra desarmado cuando luchamos con la Palabra de Dios. Esta es la misma estrategia que usó Jesús contra Satanás durante sus tentaciones en el desierto.

Así que imagine: si supiera que un ladrón literal viene a su casa para asaltar a su esposa, dañar a sus hijos y robar sus cosas, usted se comportaría a la altura de las circunstancias y lo resistiría con todo su poder. ¡Bueno, caballeros, *el ladrón está cerca*! La mayoría de las veces no viene con un gran estruendo y con fuerza. Más comúnmente, trabaja con lentitud, robándole la gloria a Dios y la alegría a su matrimonio y familia.

PROTEJA A SU FAMILIA CON LA ORACIÓN

No permita que el enemigo lo avergüence de optar por el más poderoso recurso de su vida y su matrimonio. Determine asumir su papel como líder espiritual. Al orar la Biblia con su esposa, usted estará equipado para luchar la buena batalla como nunca antes. El corazón de un esposo y padre late de forma innata con el compromiso de proveer para su esposa e hijos y protegerlos.

Esta es la esencia del desafío que abordamos en este libro. Nuestra generación, matrimonio y familia están bajo un severo ataque. Se trata de una guerra por el alma de nuestros hijos. El ladrón se dirige especialmente a los niños, adolescentes y adultos jóvenes. Como padres, usted y yo tenemos la responsabilidad no solo de protegerlos lo mejor que podamos físicamente, sino espiritualmente también. ¿Puede pensar en una mejor manera de cubrir a su familia en el ámbito espiritual que orando por ellos con una dieta constante de la Palabra viva de Dios?

UN MOVIMIENTO DE HOMBRES CRISTIANOS

La gran mayoría de los cristianos realmente desean ser los líderes espirituales de sus hogares. Sin embargo, a menudo no sabemos cómo hacer que esto ocurra. Tratamos de llevar a la iglesia a nuestras familias. Los involucramos en múltiples actividades y programas de la iglesia. Con todo, todavía sentimos que algo está faltando a un nivel más personal de interacción espiritual e influencia en nuestros matrimonios y la vida familiar. No obstante, orar a través de la Biblia hace *la* diferencia, porque usted sabe a dónde se dirigen juntos en oración. Y eso es lo que la mayoría de los hombres necesita.

Ya he hablado de las razones básicas para no esperar hasta que se "sienta digno", pero el proceso en sí mejorará su vida espiritual. Las crecientes respuestas y recursos para su vida y su familia se encuentran a lo largo del viaje. A veces, lo sé, deseamos que Dios pudiera "mostrarse" primero. Entonces podríamos avanzar con confianza. Sin embargo, el Reino de Dios trabaja normalmente haciendo uso de la paradoja: lo opuesto a nuestra forma natural de pensar. La manera en que su reino opera se basa en que Dios quiere que confiemos en Él y avancemos por la fe. *Entonces* Él se muestra.

Otra cosa realmente extraordinaria acerca de lo que está sucediendo entre los hombres cristianos en estos días es que, si dan el paso de iniciar la oración dirigida por la Biblia con sus esposas, no estarán solos. Probablemente haya escuchado hablar de muchos "movimientos" diferentes que están surgiendo en nuestro mundo.

Hay movimientos para influir en los políticos, movimientos en la comunidad médica para curar enfermedades crónicas, movimientos dentro de la comunidad misionera. No obstante, ¿qué movimiento podría influir poderosamente en los matrimonios, las familias, la iglesia y nuestra sociedad de una forma más profunda y a un nivel transformacional? Es el mismo movimiento del que usted forma parte cuando inicia el tipo de intimidad espiritual con su esposa que propongo en *Oremos juntos*. Es un movimiento integrado por los esposos que tienen el coraje de hacer una resolución doble ante Dios y sus esposas:

(1) Resolver ingresar en el diseño de Dios como el líder espiritual de su matrimonio y su familia iniciando la intimidad espiritual con su esposa como un solo ser, demostrada por medio de orar juntos con regularidad.

(2) Resolver usar la Biblia como la guía y el patrón para el contenido, los temas y el flujo de sus oraciones.

¿Y cómo sé que este movimiento existe? Porque lo he visto con mis propios ojos por todo el mundo.

PARA JÓVENES Y VIEJOS POR IGUAL

Prácticamente, cada vez que comparto esta historia con un amigo, me duele descubrir que he perdido mucho tiempo en mi propia vida. Si usted es un esposo joven (yo ya no lo soy), le ruego como un hermano que lo antecede en el camino de la vida: no siga adelante como es y, en última instancia, experimente el dolor de haberle fallado a su esposa y familia por falta de liderazgo en la oración. ¡Aproveche la oportunidad ahora! ¡Capte la visión hoy! Dé el paso a fin de proveer una cobertura espiritual como un solo ser que cubra su matrimonio, familia y ministerio. Derrame la Palabra de Dios sobre su familia: sus principios, valores y verdades. Solo la utilidad potencial que tendrá esto en la vida de sus hijos vale mucho la pena. Y si usted algún día tuviera que lidiar con un hijo rebelde, como nos sucedió a Vicki y a mí, sabrá que hizo todo lo que pudo para proporcionarle la cobertura de la Palabra de Dios sobre su alma. Y la buena noticia en tal situación es que su Palabra no regresará vacía. Vimos esto suceder en la vida de nuestra hija Christina de una manera asombrosa.

Si usted es un esposo ya mayor, puede tener es su cuenta ya una gran cantidad de años de relación matrimonial. La alarma de Dios ha estado sonando en su vida, y se ha mantenido presionando el botón de repetición una y otra vez. Usted ha perdido mucho tiempo, así como yo lo hice. Quiero recordarle una verdad espectacular de la economía del Reino de Dios: Dios es capaz de restaurar los años que las langostas se han comido. Él dispone todas las cosas para el bien de quienes lo aman, los que han sido llamados de acuerdo con su propósito (Romanos 8:28). Eso incluye aun nuestras pérdidas, las cuales Dios puede transformar para que sean productivas en su reino y nuestras vidas.

¿ES ESTE EL TIEMPO SEÑALADO PARA USTED?

Su disposición a hacer esto o no es potencialmente una decisión que transforma la vida. También creo que no es una decisión que hace por su cuenta. Una resolución de esta importancia es una que no se puede llevar a cabo apartado de la convicción de que Dios lo está llamando a hacerlo. ¿Recuerda que en el capítulo 2 hablamos de Habacuc 2:3, donde el profeta afirma que "la visión se realizará en el tiempo señalado"? Esto hace surgir una pregunta que debo formularle: ¿es este el tiempo señalado para usted?

Todo lo que Vicki y yo hemos dicho hasta ahora puede parecerle razonable, racional y bíblico. Sin embargo, ¿capta su interés? ¿Resulta convincente? ¿Siente que el Señor lo llama para contestar a una alarma que ha estado sonando en su vida, tal vez por un largo tiempo?

¡Si es así, deshágase de su carga!

Decenas de hombres cristianos viven con la carga de saber que están fallando en lo que respecta al liderazgo espiritual en casa. Ellos se ocupan de esto de tiempo en tiempo, pero no parece que sea algo que se arraigue y perdure.

Usted puede estar haciéndolo bien en la iglesia, la junta de ancianos o diáconos, el personal de la iglesia, la enseñanza de la escuela dominical y otros aspectos de su vida y servicio cristianos. Luego, de vez en cuando, oye un mensaje o sermón que lo convence acerca de su falta de liderazgo en el hogar. ¡Y se siente culpable! Vuelve a casa en silencio, con una carga aún mayor. No obstante, tal vez ahora Dios le está dando una visión clara.

Caballeros, hay una solución simple justo delante de nosotros. En realidad, está justo tan delante de nosotros que me sorprende que no la haya visto por tanto tiempo en mi propio matrimonio. Sin embargo, ahora eso ha cambiado. La verdad es que me siento *mucho* mejor sobre esta parte de mi matrimonio y mi liderazgo espiritual. ¡Incluso me atrevería a decir que me siento *bien* con respecto a esto! No solo se trata de que Vicki esté experimentando las bendiciones y el amor de una manera nueva, yo también estoy disfrutando profundamente lo que el Señor ha hecho en nuestro matrimonio y nuestra vida espiritual juntos. En verdad, lo extraño cuando, por alguna razón, no somos capaces de tener nuestro tiempo de oración juntos. Aprendemos verdades maravillosas de la Biblia y vemos a Dios traer vitalidad y respuestas a múltiples preocupaciones en nuestras vidas, familia y ministerio. Las huellas dactilares de Dios han sido evidentes…¡y lo estamos alabando por la transformación!

ALGUNOS CONSEJOS ÚTILES

1. Disculparse…¿de verdad?

Si quiere salir de la banca de castigo, el primer paso que debe dar es contarle a su esposa sobre la visión que ha recibido. Cuéntele acerca de su nuevo compromiso que le ha llegado por la gracia de Dios. Podría ser que usted le deba a su esposa una disculpa por el tiempo perdido. Y tenga en mente que una verdadera disculpa no solo expresa tristeza. También necesita pedirle perdón.

El perdón se ofrece una vez que se ha demostrado arrepentimiento. En otras palabras, el arrepentimiento demostrado durante un tiempo razonable le abre la puerta a la reconciliación y el perdón. Ella necesita ver que su disculpa tiene sustancia. El cambio de comportamiento con el tiempo hace que una disculpa sea real.

Vicki no lo dijo, pero estoy bastante seguro de que había cierto escepticismo en un rincón de su corazón cuando le pedí disculpas. Es posible que esto suceda en su situación también (imagine a su esposa con los brazos cruzados mientras dice: "Está bien, vamos a ver qué pasa"). Si es así, eso simplemente significa que usted y yo necesitamos vivir nuestra resolución. Un amigo me contó que, cuando se disculpó con su esposa por su antigua falta de liderazgo espiritualidad, ella le dijo: "¡No tienes ni idea de cuánto tu disculpa significa para mí!". Su reconocimiento y confesión conmovieron su corazón más de lo que él hubiera imaginado.

2. Las damas primero.

Esto no es una regla de por sí, pero en general, prefiero que mi esposa sea la primera en comentar lo que ella observa en los versos que leemos en nuestras oraciones. A menudo le digo: "Cariño, ¿qué te dice esto?". Ese es un buen momento para escuchar el sentir de su esposa, una oportunidad para que usted entienda cómo Dios está hablando con ella. Cuando brindamos atención espiritual y emocional, nuestras esposas sienten mayor paz y alegría. Esto le dice que usted busca amarla como Cristo amó a la iglesia (Efesios 5:25).

3. Viaje con otros hombres.

Un amigo me envió este correo electrónico: "Yo sé, en lo que a mí respecta, que si escucho un reto como este y me digo a mí mismo: 'Lo haré', puede o no puede durar. Sin embargo, si le digo a alguien más: 'Lo haré', entonces tendré un hermano a quién también podré rendirle cuentas".

¡Él está en lo cierto! Una parte crucial de esta decisión es viajar junto con otros hombres que comparten la misma determinación. Usted es principalmente responsable ante Dios y su esposa, por supuesto, pero otros hombres pueden ofrecerle un apoyo muy necesario. Su esposa sabrá si usted sigue avanzando o no, pero no querrá que ella esté en la posición de mantenerse chequeando si lo hace. Necesita a otros hombres para que lo ayuden, otros que también estén comprometidos con el viaje.

Hacer esto con un amigo o un grupo de hombres representa una gran ventaja para cumplir con su resolución. No tengo ni idea de cómo se encontró con este libro, pero tal vez si un amigo se lo recomendó, él sería un socio apropiado para rendirle cuentas. No obstante, sin importar dónde encuentre a la persona adecuada, por favor, busque a alguien. No se embarque en este viaje solo. Necesita a otros hombres casados con quienes compartir la resolución.

Sin embargo, no abogo por un sistema de control autoritario del uno sobre el otro. Tales esfuerzos solo producen un seguimiento legalista y rutinario, y obvian el espíritu mismo de lo que estamos buscando en un caminar espiritual genuino con Dios y nuestras esposas. Usted no necesitas otra cosa para marcar en su lista de tareas pendientes, de modo que pueda decir: "Lo hice". Lo que cada uno de nosotros necesita es un grupo de "hombres fuertes" que buscan ser poderosos en la economía del Reino de Dios. Necesitamos a un amigo, o a varios amigos, que nos puedan ayudar a través de las realidades de la vida, que orarán por nosotros así como oramos por ellos. Hebreos 10:24–25 afirma:

> *Preocupémonos los unos por los otros, a fin de estimularnos al amor y a las buenas obras. No dejemos de congregarnos, como acostumbran hacerlo algunos, sino animémonos unos a otros, y con mayor razón ahora que vemos que aquel día se acerca.*

No hace mucho, compartí este desafío en una reunión de hombres un sábado por la mañana en una iglesia local. Al concluir, les pedí a los hombres que simplemente escribieran su nombre, su dirección de correo electrónico y el nombre de su esposa en una tarjeta si se sentían dirigidos a dar un paso hacia el viaje de oración en el matrimonio. De repente, un hombre se levantó, caminó hasta el frente y me dio su tarjeta. Luego se dirigió a sus hermanos cristianos y dijo: "¡Hermanos, yo necesitaba escuchar este reto! También sé que necesito ser responsable ante alguien. Así que voy a escribir mi nombre en la pizarra, y si quieren asumir la responsabilidad ante otros también, vengan a escribir su nombre".

A partir de ese momento, durante nuestra oración de clausura, y después de ella, hombre tras hombre caminó hacia adelante para escribir su nombre de forma pública. Fue un gesto valiente de ese primer hermano. Sin embargo, él "lo captó" y dio un paso al frente ante el llamado al compromiso. Él sabía que la única manera de triunfar sería viajando juntos, no solo con su esposa, sino también con un grupo de hermanos con ideas afines.

No es bueno ir solo. Una y otra vez, la Biblia habla de Dios enviando a los hombres hacia adelante, no solo con su presencia, sino también al lado de otros hombres. Podemos animarnos mutuamente en la batalla espiritual. Piense en alguien en quien pueda influir para buscar un liderazgo espiritual más intencional y regular en su matrimonio. ¿Viene a su mente el nombre de otro esposo creyente que usted sabe que necesita escuchar este reto? ¿Puede encontrar de tres a cinco amigos que son esposos cristianos? ¿Qué tal otros diez? ¿Qué hay de otros esposos en su propia familia extendida? Estos son potencialmente los hombres con los que puede viajar para animarse unos a otros.

4. Si su esposa no quiere orar con usted.

Quizás toda esta discusión es dolorosa para usted porque su matrimonio se encuentra en un lugar difícil. Tal vez su esposa no acepte orar a través de la Biblia con usted. Si ese es el caso, entonces lo exhorto a que insista con el Señor aun más deliberadamente. Puede seguir este enfoque solo. En realidad, no hay nada mejor que pueda hacer en medio de tal desafío que orar la Palabra de Dios por su esposa, su familia y usted mismo.

Debido a que forma parte de su vida, puede orar por su esposa de una manera más eficaz que cualquier otra persona. Usted podría tener dificultades para creer eso, pero es verdad.

Si su esposa se muestra reacia, puede haber una serie de problemas complejos creando esta condición en su corazón. Debe considerar seriamente qué responsabilidad tiene por el estado de ella. Pídale a Dios que se lo muestre. Aún mejor, pídale a Dios la audacia y la oportunidad correcta para preguntarle a su esposa cómo la ha herido. Si la ha lastimado de alguna manera, pídale a Dios que le muestre su camino hacia la reconciliación y la sanidad.

¿Está usted dispuesto a hacer lo que pueda para traer salud e integridad a su matrimonio? Probablemente no sea un camino fácil, pero las dificultades valdrán la pena a largo plazo.

¿ESTO REALMENTE IMPORTA?

Si usted y su esposa oraran la Palabra y la voluntad de Dios por sus hijos y nietos, ¿cree que importaría? Si ustedes son cristianos, me parece que su respuesta debe ser: "Sí", ya que si su respuesta es: "No, probablemente no importa", entonces solo debe alejarse de toda esta estupidez. Usted tiene que enfrentar su creencia básica en el poder de la oración.

¿Cree que puede producirse un cambio si da un paso adelante de forma intencionada y regular para conectarse espiritualmente con su esposa? ¿Es importante que salga de la banca de castigo? ¿Cree que la oración es realmente hablar con el Dios de toda la eternidad y la creación? ¿Sabe que cuando ora en verdad se está comunicando personalmente con el mismo Dios que creó el universo, hizo arder la zarza ante Moisés y abrió el mar Rojo? ¡Porque lo está haciendo! Él es capaz de transformar las cosas cuando usted ora, y quiere mostrarse en tu matrimonio.

ORACIÓN JUNTOS

De igual manera, ustedes esposos, sean comprensivos en su vida conyugal, tratando cada uno a su esposa con respeto, ya que como mujer es más delicada, y ambos son herederos del grato don de la vida. Así nada estorbará las oraciones de ustedes.

—1 PEDRO 3:7

Señor, te agradezco por mi esposa. Reconozco que necesito tomar este verso en serio, así que te pido que me llenes de tu amor para vivir con mi esposa de una manera considerada. Deseo tratarla con respeto, reconociendo que ella es una compañera heredera del don de gracia de la vida, el cual viene de ti, así nada estorbará mis oraciones y nuestras oraciones juntos. Concédeme la fe y la resolución para superar los obstáculos de la intimidación y el miedo mientras aprendo a orar tu Palabra con mi esposa. Amén.

SIETE BENEFICIOS DE ORAR LA BIBLIA

Yo estaba dirigiendo la iglesia semanalmente, pero no sabía muy bien cómo llevar a cabo el liderazgo de mi esposa. Erin y yo estábamos siempre "felices" en nuestro matrimonio, aunque a menudo carecíamos de la conexión espiritual como pareja. Orar a través de las Escrituras ha transformado la forma en que oramos y, a menudo, lo que oramos. Esto nos ha permitido tener una gran conversación espiritual entre los dos e incluso hizo que la Palabra de Dios cobrara vida de maneras nuevas. Ella y yo estamos unidos como nunca antes. Es curioso, porque no se trata de algo complicado, pero el simple acto de dejar que las Escrituras dirijan produce una gran diferencia.

—PASTOR STEVE

He estado en el ministerio (de jóvenes y hombres) a tiempo completo por cinco años, y a tiempo parcial durante tres años antes de eso. También me encuentro en mi último semestre del seminario. Como tantos otros he luchado para dirigir a mi esposa en la oración a lo largo de nuestros nueve años de matrimonio. Me topé con sus materiales y me encantaron. Ellos han transformado nuestra vida de oración juntos. Estamos manteniendo un diario a medida que avanzamos. Leemos un breve pasaje, hablamos del mismo, y luego cada uno comparte tres peticiones de oración. Realmente esto ha mejorado mi vida de oración personal también.

—BRIAN

UNA DE LAS escenas más solemnes y misteriosas de la Biblia ocurre en un jardín. Se llamaba Getsemaní, y la historia tiene lugar la noche antes de que Jesús fuera a la cruz en el Calvario.

Luego fue Jesús con sus discípulos a un lugar llamado Getsemaní,
y les dijo: "Siéntense aquí mientras voy más allá a orar".

—MATEO 26:36

Entonces,

Yendo un poco más allá, se postró sobre su rostro y oró:
"Padre mío, si es posible, no me hagas beber este trago amargo.
Pero no sea lo que yo quiero, sino lo que quieres tú". Luego
volvió adonde estaban sus discípulos y los encontró dormidos.

—VV. 39–40

¿Dormidos? Aquí ellos se encuentran con Jesús—supuestamente sus más devotos seguidores—en este momento completamente climático de su vida, ¿y qué están haciendo? ¡Están durmiendo! Y esto no sucede una vez, o dos veces, sino tres veces. En cada ocasión que Jesús regresa encuentra a sus más cercanos seguidores en la tierra de los sueños. Grandes compañeros de oración, ¿no? Sin embargo, Jesús parece compadecerse de su debilidad, porque su único comentario fue: "El espíritu está dispuesto, pero el cuerpo es débil" (v. 41).

Es fácil leer esa historia y pensar que los discípulos fueron unos verdaderos flojos esa noche, pero me pregunto si de haber estado allí lo hubiéramos hecho mejor. Después de todo, ¿cuándo es la última vez que usted pasó una hora entera orando, y mucho menos en medio de la noche? A menudo parece que se queda sin cosas por las que orar en solo unos minutos, ¿cierto? La oración enfocada requiere disciplina.

LA DISCIPLINA DEL DISCÍPULO

Por lo tanto, abandonando toda maldad y todo engaño, hi-
pocresía, envidias y toda calumnia, deseen con ansias la
leche pura de la palabra, como niños recién nacidos. Así,

por medio de ella, crecerán en su salvación, ahora que han
probado lo bueno que es el Señor.

—1 PEDRO 2:1–3

Mucho después de esa noche en el jardín, Pedro les escribió a sus seguidores, y obviamente había aprendido mucho. Los bebés anhelan leche, les dijo, estableciendo una analogía para la manera exquisita en que Dios provee lo que necesitamos a fin de lograr nuestro crecimiento espiritual.

Para un bebé recién nacido, la leche es la única fuente de nutrientes que permite su crecimiento físico. En los días antiguos, esta leche sustentadora de la vida estaba disponible solo en el pecho de la madre. Una de las imágenes más tiernas y serenas es la de un recién nacido sostenido en la seguridad del abrazo de su madre. Los bebés no solo desean leche porque les gusta el sabor. Ellos la anhelan debido a que la necesitan desesperadamente. Y el maravilloso resultado de consumir leche es…el crecimiento. El ansia de tomar leche es motivada por el hambre, y tal deseo resulta normal y saludable. En realidad, *una falta* de este anhelo significa que algo está mal.

Pedro usa esta analogía intemporal para enseñarnos una lección importante. Se supone que los cristianos anhelan la leche pura de la Palabra. Este anhelo de alimentar nuestras almas y espíritus es evidencia de que hemos probado la bondad del Señor…¡y sabemos que es buena! La leche de la Palabra es nuestro recurso nutritivo y sustentador de la vida para crecer en Cristo.

El Espíritu Santo provoca un hambre sagrada dentro de nuestros corazones, y es algo más que un mero deseo. Se trata de un anhelo profundo. Y como en un bebé recién nacido, tal anhelo es normal. El hambre espiritual es una señal de la salud del creyente.

Dios desea que crezcamos espiritualmente fuertes como sus hijos, pero sin su leche no podemos hacerlo. Sin ella, nos vencerá la debilidad y seremos vulnerables a toda clase de tentaciones y maldades.

Los creyentes sanos en Jesucristo persiguen una variedad de disciplinas que nos dan oportunidades de beber la leche de la Palabra.

Una dieta regular de la lectura personal de la Biblia, por ejemplo, es importante. Leyendo con nuestra antena espiritual levantada podemos contemplar el significado de las Escrituras. Esta es la disciplina de la meditación, y a través de ella discernimos lo que el Espíritu de Dios le está hablando a nuestras vidas.

Otra forma de beber la leche de Dios es *estudiando* la Palabra. Esto requiere un esfuerzo más intencional para buscar observaciones, interpretaciones y aplicaciones más profundas. ¿Qué está diciendo Dios? ¿Qué significa eso? ¿Cómo puedo aplicarlo a mi vida? Cuando usted estudia, no está simplemente adquiriendo conocimientos de cosas espirituales, sino también escuchando personalmente a Dios, esa es la manera de construir su vida sobre el cimiento firme como la roca de la obediencia.

Santiago desafía a los creyentes a no solo escuchar la Palabra, sino a llevarla a la práctica (Santiago 1:22). Esto incluye compartir con otras personas lo que Dios nos muestra y cómo Él está trabajando en nuestras vidas. Al hacerlo, compartimos la leche con otras personas sedientas y hambrientas, y esto es bueno para ellos y para nosotros.

Sin embargo, otro medio de ingerir la leche es memorizando versos—incluso pasajes enteros—de las Escrituras. Con la memorización, la Palabra nutritiva no solo pasa por nuestras mentes, sino que permanece arraigada en *nosotros*. Cuando se compromete a la memoria, las palabras se convierten literalmente en parte de nuestra vida. De esta manera, armamos nuestras mentes con la verdad, de modo que podamos hacer uso de la Palabra en medio de nuestras circunstancias en cualquier momento.

Cada una de estas disciplinas resulta vital en nuestro caminar cristiano y nos ayuda a madurar en la salvación. Orar la Palabra las reúne a todas de una manera especial, la cual provee beneficios tanto internos como externos para su matrimonio.

LA ESPADA DEL ESPÍRITU

Otros dos pasajes ilustran la Palabra de una manera muy diferente. Estos comparan las Escrituras a una espada, una imagen que era especialmente poderosa para los lectores del primer siglo. La espada corta romana era el arma de mano más común del primer siglo, y el uso hábil de esta arma hizo que la persona que la empuñaba fuera una fuerza ofensiva en la batalla. Un pasaje de Hebreos usa la analogía de esta manera:

> *Ciertamente, la palabra de Dios es viva y poderosa, y más cortante que cualquier espada de dos filos. Penetra hasta lo más profundo del alma y del espíritu, hasta la médula de los huesos, y juzga los pensamientos y las intenciones del corazón.*
>
> —HEBREOS 4:12

Este pasaje refleja el impacto interno de la Palabra. La Palabra penetra—entra dentro de—el alma y el espíritu de una persona. Juzga nuestros pensamientos y las intenciones de nuestro corazón.

Mientras estamos saturados de la Palabra, Dios reclama cada vez más territorio de nuestras almas, mentes, voluntades y emociones. A través de la Palabra de Dios, el Espíritu Santo interactúa con nosotros de una manera profundamente personal.

El otro pasaje que compara la Biblia con una espada es Efesios 6. Estando bajo arresto domiciliario en Roma, el apóstol Pablo sin duda se encontraba custodiado por soldados romanos, así que naturalmente, en su carta a la iglesia en Éfeso, construye un paralelo espiritual del "soldado" cristiano con el soldado romano. Él sabe que enfrentamos enemigos en la vida y dice:

> *Por último, fortalézcanse con el gran poder del Señor. Pónganse toda la armadura de Dios para que puedan hacer frente a las artimañas del diablo.*
>
> —EFESIOS 6:10–11

Nuestros oponentes no pueden ser vistos con el ojo humano. Consisten en fuerzas espirituales de maldad que residen en el ámbito celestial y trabajan desde allí. Luchar contra ellos requiere un conjunto completo de la armadura a la que Pablo se refiere como el cinturón de la verdad, la coraza de justicia, el evangelio de la paz, el escudo de la fe y el casco de la salvación. Sin embargo, el elemento final y esencial para el soldado bien preparado es su espada: "la espada del Espíritu, que es la palabra de Dios", según Pablo en Efesios 6:17. Es la espada la que nos permite participar en el combate espiritual e ir a la ofensiva contra el enemigo de nuestra vida individual, nuestro matrimonio y nuestros hijos.

ORAR LA PALABRA, DENTRO Y FUERA

Orar la Palabra hace que la espada sea más eficaz *dentro de nosotros* (el efecto interno) y cada vez más *útil por medio de nosotros* (el impacto externo).

Cuando oramos la Palabra, el Espíritu Santo se mueve dentro de nosotros de una manera especial y personal. Aunque no nos atreveríamos a establecer prioridades en cuanto a la importancia o la eficacia de las distintas disciplinas a fin de interactuar con la Palabra, podríamos decir que añadir la oración de la Palabra a su lista de "actividades espirituales" profundizará su experiencia de Dios. Cuando oramos la Palabra, la misma resulta entretejida en nuestras almas. Nuestra visión espiritual se agudiza. Nuestra mente se renueva. Nuestras emociones se estabilizan y nuestra voluntad se rinde cada vez más. Orar las Escrituras trae los valores de Dios, promesas, bendiciones, verdades, doctrinas, alabanzas y mucho más a nuestras almas. La espada de doble filo se convierte en una herramienta quirúrgica afilada en las manos del Gran Médico. Él corta los pensamientos y las intenciones de nuestro corazón y renueva todos los pensamientos y emociones internos (maletas) que necesitan renovarse. Él destaca los mandamientos que necesitamos obedecer, los pecados que necesitamos confesar, las promesas que necesitamos reclamar, las bendiciones que necesitamos recibir, y las alabanzas que necesitamos ofrecer. Esta es la mejor manera que hemos encontrado de experimentar de forma vívida la exhortación de Pablo a los cristianos en Colosas, cuando escribió: "Que habite en ustedes la palabra de Cristo con toda su riqueza: instrúyanse y aconséjense unos a otros con toda sabiduría; canten salmos, himnos y canciones espirituales a Dios, con gratitud de corazón" (Colosenses 3:16).

También tiene lugar un impacto externo en el ámbito de la batalla espiritual cuando oramos la Palabra. Somos animados y fortalecidos para permanecer firmes en la batalla espiritual que el diablo trae a nuestra puerta. Los gobernantes, autoridades y poderes del mundo oscuro son tan reales como los que vemos con nuestros ojos físicos, y su meta es destruir nuestras vidas, matrimonios, familias y, en última instancia, a la Iglesia de Jesucristo. Aunque no creo que haya un demonio detrás de cada problema y prueba que enfrentamos en nuestra vida, creemos que los oponentes espirituales son reales y que un ángel caído llamado Satanás los dirige. El mismo Jesús enfrentó al diablo en el desierto durante su tiempo de tentación (ver Mateo 4:1–11), y en Juan 10:10, Él le advierte a su rebaño que "el ladrón no viene *más que* a robar, matar y destruir" (énfasis de los autores).

SIETE BENEFICIOS DE ORAR LA PALABRA COMO ESPOSO Y ESPOSA

La teología y la práctica de la oración están envueltas en un misterio considerable. Dios es soberano y sabe todas las cosas, sin embargo, al pueblo de Dios se le llama claramente a orarle. Basándonos en la autoridad de la Palabra Dios, el modelo específico y los mandamientos de Jesucristo, y nuestra propia experiencia con Dios, sabemos que la oración es un elemento significativo de un caminar cristiano sano. También sabemos que resulta bastante común sentirse inadecuado en el ministerio de la oración. A veces, nosotros todavía luchamos en nuestras vidas personales de oración, así como al orar juntos como marido y mujer. Como resultado, hemos llegado a conocer bien la necesidad de ánimo para continuar. Le damos la bienvenida a cualquier ayuda práctica para mejorar nuestras vidas de oración y hemos notado, con el tiempo, los distintos beneficios que se acumulan para nosotros y nuestra familia cuando conseguimos perseverar en la oración. Tal vez nuestra lista de los siete mejores beneficios que hemos encontrado al orar la Biblia lo animará a usted también.

1. Oraciones guiadas.

Cuando oramos empleando la parte superior de nuestra cabeza, tendemos a orar las mismas cosas, sobre todo de la misma manera. Luchamos con qué decir y nos sentimos limitados en el alcance de nuestras oraciones. Algunos individuos parecen ser mejores en lo que respecta a la oración que otros. Se sienten cómodos con las palabras y cuando oran, se experimenta la sensación de que Dios está en la habitación. Sin embargo, la mayoría de nosotros no nos sentimos lo suficiente creativos ni espirituales para arrasar los cielos con toda clase de intercesiones y alabanzas elocuentes.

¡Simplemente no sabemos qué orar! Después de unas pocas líneas, nos quedamos sin palabras. ¡A veces, incluso nosotros, Sam y Vicki, sentimos que estamos otra vez en los grupos de oración de los primeros tiempos de nuestro caminar con Dios, esperando que nadie nos pida que oremos en voz alta!

Tener una guía de oración es uno de los mayores beneficios de seguir la Biblia cuando oramos. Nunca nos faltan ideas que exponer en nuestras oraciones. Cualquier cosa sobre la cual la Biblia hable en un pasaje dado se convierte en el tema de oración del día. Guiados por el Espíritu Santo, nuestras oraciones llegan a ser tan frescas como el flujo de la Palabra de Dios.

La guía también nos ayuda a mantener nuestras mentes enfocadas. Al igual que nosotros, tal vez usted ha notado que hay momentos en medio de la oración en que nuestra mente tiende a "divagar". La lista de tareas pendientes del día va a la vanguardia, la película de anoche viene a la mente, o la planificación del menú del fin de semana de repente se convierte en algo crucial. No obstante, con la Biblia proveyendo el contenido para nuestras oraciones, el desvío mental se evita, porque tenemos una herramienta para mantenernos enfocados.

La oración guiada señala diferentes temas en nuestros corazones, los cuales la Biblia nos ayuda a expresar de una manera más íntima. En lugar de que nuestras oraciones "reboten en el techo", sabemos que oramos las cosas que están en el corazón de Dios. Podemos disfrutar de una conexión con nuestro cónyuge y con el Señor en oración, posiblemente como nunca antes lo hemos hecho.

2. Alineación: estar de acuerdo con el Espíritu Santo.

Una cosa segura puede decirse de los esposos y las esposas, y está es que son diferentes. Somos diferentes en género, fortalezas, dones, gustos, deseos, talentos y perspectivas...¡básicamente, en todo lo que existe bajo el sol! Y aunque pueda parecer irónico, estas mismas diferencias son a menudo lo que nos atrajo a nuestro cónyuge en primer lugar. Sin embargo, a medida que se desarrolla la travesía de la vida real, las diferencias que mejoraron nuestro romance en el principio pueden convertirse en fuentes de fricción e incluso de problemas serios. Se hace más difícil recordar que las discrepancias son, muchas veces, un regalo de Dios destinado a bendecir en vez de "maldecir" nuestra relación. Por eso necesitamos mantenernos alineados el uno con el otro. Mientras más alineado esté con su cónyuge en el camino de la vida, más experimentará la paz en su matrimonio, su familia, la crianza de los hijos, las finanzas, las interacciones con los suegros, las relaciones sexuales y más.

La alineación espiritual influye en todas las dimensiones del matrimonio. El apóstol Santiago nos exhorta: "Acérquense a Dios, y él se acercará a ustedes" (Santiago 4:8), y este principio no es solo para nosotros como individuos creyentes, sino también para nuestros matrimonios. La intimidad espiritual como pareja nos proporciona una mayor alineación con Dios y del uno con el otro.

Estar bien alineado afecta cómo vemos a Dios y a los demás. Hace años, el Señor nos dio una clara pero difícil lección de cómo esto funciona. Siendo una niña pequeña, nuestra hija Christina sufrió de estrabismo en el ojo derecho. Esto afectó muchos aspectos de su capacidad para ver correctamente.

La claridad de visión, la percepción de la profundidad y la visión periférica se logran solo cuando nuestros ojos están trabajando juntos, así que Christina tenía un problema. Los músculos que controlaban el movimiento de su ojo no estaban haciendo su trabajo, y ella tuvo que soportar la visión doble. El tiempo, los ejercicios oculares y un parche no resolvieron el problema, así que finalmente cuando tenía solo cinco años necesitó una cirugía. Vivíamos en el norte de Nueva Jersey en ese momento, así que buscamos al mejor cirujano que pudimos encontrar en la ciudad de Nueva York. Estábamos dispuestos a hacer cualquier sacrificio necesario para que los ojos de Christina funcionaran juntos en alineación, y afortunadamente la cirugía fue un éxito.

Como esposo y esposa, necesitamos ajustar constantemente nuestra alineación del uno con el otro a fin de que podamos ver derecho espiritualmente. Orar la Palabra constituye la intervención regular que necesitamos para la salud de nuestros ojos espirituales y para caminar en la bendición de que nuestras diferencias nos complementen mutuamente y no se interpongan en el camino de la intimidad.

3. Fortaleza para afrontar las realidades de la vida.

Una de las cosas que hace que jugar a las cartas resulte entretenido es que usted está encontrando constantemente nuevas cartas a medida que el juego progresa. A veces las cartas que obtiene le agregan diversión al juego, pero otras veces resultan francamente frustrantes. Esto le recuerda en algo a la vida, ¿cierto? Usted no puede controlar qué cartas recibe. Solo puede administrarlas una vez que están en su mano. A veces sacamos cartas que conforman perfectamente una jugada, pero otras veces sacamos cartas terribles y no tenemos idea de dónde colocarlas. ¡Una carta inesperada puede estropear nuestro plan completo para ganar el juego! Y a menudo, no hay manera de deshacerse de ella.

Nosotros alabamos a Dios porque nos han entregado y hemos sacado muchas cartas maravillosas y benditas en nuestra vida. Sin embargo, al igual que usted, también hemos encontrado muchas cartas difíciles a lo largo de las décadas en que hemos estado juntos. La vida es muy *real*. Las cartas que bendicen o dañan nuestras jugadas vienen en una amplia variedad: cartas financieras, cartas de salud, cartas emocionales, cartas de relaciones y crianza de los hijos, cartas de cambio de carrera, cartas de mudanzas... pilas y pilas de cartas. Mientras escribimos esto, estamos orando por varios amigos queridos que tratan de manejar seriamente esas cartas que alteran la vida. Y hay mucho material en la Biblia para ayudar.

Las Escrituras usan las palabras fuerte y fortaleza unas cuatrocientas veces. La Palabra de Dios es una fuente de fortaleza. En su primera epístola, Juan señala: "Les he escrito a ustedes, padres, porque han conocido al que es desde el principio. Les he escrito a ustedes, jóvenes, porque son fuertes, y la palabra de Dios permanece en ustedes, y han vencido al maligno" (1 Juan 2:14). La fuente de la fortaleza espiritual es la Palabra de Dios.

Orar la Palabra de Dios nos fortalece para enfrentar las realidades de la vida juntos. Nos proporciona la sabiduría que necesitamos para saber jugar las cartas en nuestra partida de la vida. Nos refuerza a fin de enfrentar las inevitables tormentas y nos posiciona para vencer al maligno.

4. Cobertura de protección.

Una petición de protección es algo que con frecuencia expresamos en nuestras oraciones. La inclinación a orar por confianza, seguridad y refugio brota naturalmente de nuestros corazones. Aunque sabemos que Dios es soberano—Él conoce todas las cosas y está a cargo de nuestras vidas—todavía nos damos cuenta de forma intuitiva, y a partir de nuestras experiencias, de que vivimos en un territorio hostil. Incluso la Oración del Señor en Mateo 6:9–13 nos recuerda orar por protección:

Padre nuestro que estás en el cielo, santificado sea tu nombre, venga tu reino, hágase tu voluntad en la tierra como en el cielo. Danos hoy nuestro pan cotidiano. Perdónanos nuestras deudas, como también nosotros hemos perdonado a nuestros deudores. Y no nos dejes caer en tentación, sino líbranos del maligno (énfasis de los autores).

Por lo tanto, orar por protección es apropiado e importante. Sin embargo, con respecto a este beneficio particular de orar la Palabra de Dios, nosotros queremos enfocarnos específicamente en la oración por nuestros hijos y nietos. Habiendo hablado con innumerables cristianos acerca de la oración de la Palabra en sus matrimonios, hemos comprobado que este es uno de los temas más llamativos que golpean los corazones de padres y abuelos cristianos.

Estábamos en una tienda recientemente y divisamos un recipiente lleno de paraguas que estaban en oferta. Estos no eran paraguas pequeños—del tipo que permite que usted termine húmedo alrededor de los bordes—sino que eran enormes, amplios, encubridores, lo suficiente grandes para cubrir a toda una familia. Paraguas como estos crean una cobertura que proporciona la comodidad de permanecer seco e impide que nos empapemos de agua de lluvia.

Ahora piense en su matrimonio como un paraguas. El esposo y la esposa permanecen unidos, y su matrimonio está destinado a proporcionarle protección a toda la familia. Orar la Palabra es como abrir un amplio paraguas espiritual sobre su familia. Usted ofrece bendiciones, promesas, verdades, virtudes, valores, enseñanzas, alabanzas e intercesiones provenientes de la Palabra de Dios que afectan la vida de sus hijos y nietos. ¡No hay nada más importante que pudiera hacer por ellos! Y está protegiéndolos potencialmente de algunas cosas mucho más perjudiciales que el agua de lluvia. Anteriormente mencionamos que el ladrón viene a robar, matar y destruir. Nuestros hijos son preciosos para cada uno de nosotros, pero al maligno eso no le importa. Él está afuera para apartarlos de Dios, para destruirlos.

Efesios 6 habla de las flechas encendidas que Satanás lanza a nuestras vidas. Él también se las está lanzando a nuestros hijos y nietos. Creemos que resulta más difícil criar hijos piadosos en esta generación moderna que nunca antes. Cuando crecimos en el Medio Oeste, eran los días en que le gritabas a tu mamá mientras salías corriendo por la puerta que ibas al parque a jugar. Y si no volvías a casa hasta el atardecer, nadie se preocupaba. Sin embargo, ¿qué padre responsable enviaría hoy a sus hijos a un parque local sin supervisión? Y las amenazas no solo son fuera de la casa. Ahora se adentran en nuestros hogares a través de los medios de comunicación, golpeando las mentes y corazones jóvenes.

Nuestro trabajo como padres incluye orar por la generación de vidas que Dios ha confiado a nuestro cuidado. No recordamos que ninguna de nuestras hijas saliera del vientre con un certificado que garantizara que todo saldría como esperábamos, pero podemos cambiar "las probabilidades" a su favor con nuestras oraciones. Nuestros hijos y nietos deben enfrentar las cartas de sus propias vidas a medida que crecen y maduran, tomando decisiones y afrontando las consecuencias que conllevan. Con el tiempo, ellos necesitarán su propia fe y caminar con Dios, y no vivirán con la fe de sus padres y abuelos.

Entonces, ¿realmente *cree que importa si ora por sus hijos y nietos?* Haga una pausa, formúlese a sí mismo esta pregunta, y responda con honestidad. Esperamos que su respuesta sea un rotundo: "¡Sí!". Adivinamos que si usted ha leído hasta aquí, esa es, por cierto, su respuesta.

Por lo tanto, dada su respuesta afirmativa, esto conlleva a la siguiente pregunta: *¿Está usted orando por sus hijos y nietos?* No oraciones al azar, inestables y superficiales, sino oraciones intencionales y serias… como aquellas que se originan en la Biblia misma.

Querer lo mejor de Dios para nuestros hijos y nietos se ha convertido en un motivador vital que nos mantiene comprometidos a orar juntos. Nosotros oramos por nuestras hijas, nuestros yernos y nietos.

Intencional y regularmente invocamos la Palabra y la voluntad de Dios sobre sus vidas para brindarles protección, y le alentamos firmemente a hacer lo mismo por su familia. Hemos visto el impacto que esto puede tener, y estamos seguros de que será decisivo para usted también.

5. Crecer en la comprensión de la Biblia juntos.

Toda la Escritura es inspirada por Dios y útil para enseñar, para reprender, para corregir y para instruir en la justicia, a fin de que el siervo de Dios esté enteramente capacitado para toda buena obra.
—2 TIMOTEO 3:16–17.

Este versículo clave indica que toda la Escritura es el resultado de la inspiración creativa de Dios. Aunque fue redactada por escritores humanos, la Biblia tiene un autor divino. Eso significa que la misma nos instruye en todo lo que necesitamos saber como hijos en la familia de Dios, a fin de crecer hacia la madurez espiritual y emocional. Hay un número prodigioso de ejemplos y exhortaciones en el Nuevo Testamento con respecto al crecimiento. Por ejemplo:

❖ Aferrarnos a nuestro coraje y a la esperanza que nos enorgullece (Hebreos 3:6).
❖ Permanecer firmes (Filipenses 1:27, 4:1).
❖ Mantenerse firmes en la fe, bien cimentados y estables, sin abandonar la esperanza que ofrece el evangelio (Colosenses 1:23).
❖ Estar arraigados y edificados en Él, confirmados en la fe (Colosenses 2:7).
❖ Orgullosos por la perseverancia y la fe mostrada al soportar toda clase de persecuciones y sufrimientos (2 Tesalonicenses 1:4).
❖ Llegar a ser maduros, conforme a la plena estatura de Cristo (Efesios 4:13).

✤ Ya no ser niños, zarandeados por las olas y llevados de aquí para allá por todo viento de enseñanza (Efesios 4:14).

✤ Crecer hasta ser en todo como aquel que es la cabeza, es decir, Cristo (Efesios 4:15).

✤ Avanzar hacia la madurez (Hebreos 6:1).

✤ El alimento sólido es para los adultos, para los que tienen la capacidad de distinguir entre lo bueno y lo malo (Hebreos 5:14).

✤ No se contenten solo con escuchar la palabra, pues así se engañan ustedes mismos. Llévenla a la práctica (Santiago 1:22).

✤ Que el gran Pastor de las ovejas los capacite en todo lo bueno para hacer su voluntad. Y que, por medio de Jesucristo, Dios cumpla en nosotros lo que le agrada. A él sea la gloria por los siglos de los siglos. Amén (Hebreos 13:20–21).

¡Mientras usted y su cónyuge oran lentamente a través de los libros de la Biblia, crezcan espiritualmente juntos! Al buscar el contenido de las oraciones, Dios les mostrará palabras esenciales, frases, conceptos y verdades a fin de nutrir sus almas. Orar la Biblia se convertirá en un elemento de unión en su matrimonio.

Aunque ciertamente hay un gran beneficio y crecimiento a medida que descubre la Palabra de Dios en la iglesia, una clase de la escuela dominical o un estudio de un grupo pequeño, la reunión más íntima de dos o tres que se reúnen en el nombre de Jesús tiene lugar en su matrimonio.

"Esfuérzate por presentarte a Dios aprobado, como obrero que no tiene de qué avergonzarse y que interpreta rectamente la palabra de verdad" (2 Timoteo 2:15). Orar la Palabra como compañeros de trabajo en la obra de Dios los hará crecer en el manejo de su verdad.

6. Oraciones "en el nombre de Jesús".

La mayoría de nosotros estamos acostumbrados a finalizar nuestras oraciones con la frase *"en el nombre de Jesús"*. No obstante, ¿por qué lo hacemos? ¿Es una fórmula mágica que incluimos a fin de obtener la atención de Dios u obligar a que nos den una respuesta positiva a nuestras oraciones? ¿Estamos expresando sin pensar estas palabras de rutina? No, en realidad espero que no.

Orar en el nombre de Jesús es poderoso porque le dice varias cosas a Dios:

(a) *"Padre, afirmamos que la única forma de acercarnos a ti es a través de Jesús nuestro Salvador".*

No tenemos otro acceso válido al Padre que no sea a través de Jesús, que es "el camino, la verdad y la vida" (Juan 14:6). ¿Puede imaginarse viniendo delante de Dios en su propio nombre? ¡De ninguna manera! Nosotros nos acercamos al Padre en el nombre del Hijo Unigénito de Dios, porque hay "un solo mediador entre Dios y los hombres, Jesucristo hombre, quien dio su vida como rescate por todos" (1 Timoteo 2:5–6). Sin Jesús como nuestro abogado y precursor, no tenemos derecho a venir ante Dios.

(b) *"Padre, no confiamos en nuestros propios deseos o perspectivas".*

Por nuestra cuenta, nuestras oraciones surgen de una perspectiva terriblemente limitada, y nuestros corazones a menudo se confunden con el egoísmo. No obstante, en consonancia con la oración de sumisión de Jesús en el jardín de Getsemaní, aspiramos a tener su actitud de que "no se haga mi voluntad, sino que se haga la tuya" (Mateo 26:39, paráfrasis de los autores). ¡Orar en el nombre de Jesús atestigua nuestra humildad y sumisión a Dios, y afirma que Él es Dios y ciertamente nosotros no lo somos! Al elevar nuestros deseos en el nombre de Jesús, disponemos nuestros corazones para reconocer que Dios sabe lo que es mejor.

(c) "Padre, presentamos esta oración como si Jesús mismo estuviera haciéndola".

Traemos nuestras oraciones ante el Padre de una forma tal que el propio Jesús pudiera expresar esta misma oración. Como dicen las Escrituras, "en Jesús, el Hijo de Dios, tenemos un gran sumo sacerdote que ha atravesado los cielos, aferrémonos a la fe que profesamos" (Hebreos 4:14).

Al orar con la Biblia como nuestra guía, se nos garantiza estar orando "en el nombre de Jesús". Nuestras oraciones y alabanzas están en armonía con la voluntad de nuestro Abogado, Jesucristo. Sentimos que nuestras oraciones dan más "en el blanco", porque mientras más oramos en la senda de la Palabra y la voluntad de Dios, más en armonía estamos con el nombre de Jesús.

7. Espíritu de anticipación.

Al escribir este libro, estamos orando a través del Evangelio de Marcos, y hemos estado haciendo esto durante varios meses. Nos está tomando algo de tiempo, pero no se trata de una carrera, y no tenemos fecha límite. En el proceso, hemos notado que algo fascinante se ha desarrollado. Hemos comenzado a mirar hacia adelante a cada tiempo de oración, preguntándonos: "¿Qué es lo que el Señor nos va a mostrar a fin de orar hoy?".

Cuando los esposos y las esposas oran sin otra motivación que la que la Biblia provee, emergen puntos de oración que se convierten en el contenido y el enfoque de nuestro tiempo orando juntos. ¡Y eso resulta muy emocionante! Dios siempre tiene ideas más interesantes para la oración que nosotros.

Dos ejemplos de cómo Dios se nos ha presentado a cada uno de nosotros se destacan. Una mañana, mientras estábamos a punto de leer y orar en Marcos, Sam le dijo a Vicki: "Tengo una petición de oración para ti. ¿Podrías orar que mi fe sea fortalecida? Estoy percibiendo cierta presión en lo que concierne a varias cuestiones que están produciendo algunas dudas en mi corazón y mi mente".

Hablamos un poco más sobre algunos detalles relacionados, y

luego volvimos a donde estábamos orando en el Evangelio de Marcos. Resultó que se trataba de Marcos 6:1–6, la historia de Jesús regresando a su ciudad natal. Después de enseñar allí, la gente lo invadió con preguntas escépticas, ¡y el pasaje hasta dice que la gente se escandalizaba a causa de Él! El versículo final de la historia señala: "Él se quedó asombrado por la incredulidad de ellos".

Después de leer ese pasaje bíblico, nos quedamos en silencio por un momento. Entonces Vicki, con una sonrisa irónica en su rostro, le preguntó a Sam: "Y bien, ¿qué ves en este pasaje?".

Sam respondió: "Bueno, supongo que Jesús está asombrado por mi falta de fe". ¡Y los dos estallamos en carcajadas!

Esta fue la historia perfecta, en el momento perfecto, para confirmar la cuestión a la mano: ¡la fe! Esa mañana, oramos sobre el tema de la fe para nosotros mismos, nuestra familia y nuestro ministerio con e3 Partners en Colombia.

En otra ocasión, estábamos orando a través del libro de Hebreos (lo que también nos llevó varios meses, por cierto). Llegamos a Hebreos 13:7, que dice: "Acuérdense de sus dirigentes, que les comunicaron la palabra de Dios. Consideren cuál fue el resultado de su estilo de vida, e imiten su fe". (Note que al orar por medio de las Escrituras, no están tratando de cubrir muchos versos. A menudo leemos solo unos cuantos versos a la vez, y en este caso, este único versículo causó un gran impacto en nuestra oración.)

Sam dijo: "Vamos a detenernos aquí y a hacer exactamente eso. Recordemos a los líderes que hablaron la Palabra de Dios en nuestras vidas".

Esto sería diferente a haber escuchado un gran sermón en la radio o haber leído un libro influyente. Nos remontamos al comienzo de nuestra vida cristiana hace cuarenta años y tomamos una hoja de papel. Rápidamente, anotamos los nombres de más de cuarenta personas. El ejercicio fue profundamente significativo para ambos, pero conmovió en especial el corazón de Vicki cuando oramos por toda esta gente.

Este viaje espiritual al pasado le recordó a Vicki cuán maravillosamente Dios orquestó su entrada en nuestras vidas. Anotamos en nuestra lista a las personas que nos llevaron al Señor, pastores y sus esposas, profesores y maestros, amigos íntimos, mentores, incluso a gente de Rumania y Colombia a la que servimos en nuestros viajes misioneros. Esta no era una lista ordinaria de personas. Se trataba de personas que Dios había enviado para que corrieran junto a nosotros la carrera. Eran animadores y entrenadores por igual, gente que no solo nos amaba, sino que amaba a nuestras hijas también. Cada uno de ellos apoyó nuestro ministerio de alguna manera, y como dice el pasaje, "comunicaron la palabra de Dios en nuestras vidas". La Palabra de Dios era el denominador común para todos ellos. No solo nos enseñaron formalmente con la Palabra escrita, sino vivieron la Palabra con nosotros y ante nosotros, y también delante de nuestras hijas.

Este fue un tiempo de oración poderoso y lleno de lágrimas. Alabamos a Dios por el resultado del modo de vida de estas personas y le pedimos que nos ayudara a imitar su fe. Oramos: "Querido Señor, te rogamos que nos uses en la vida de las personas como usaste a esta gran compañía de tus siervos para dejar una huella en nuestras vidas". Incluso ahora, solo recordando este ejercicio en la oración, resulta profundamente significativo rememorar lo que Dios ha hecho por nosotros.

Pensamos que ustedes serán bendecidos si intentan hacer el mismo ejercicio. Lean Hebreos 13:7, tomen una hoja de papel y disfruten el viaje de regreso al pasado en lo que respecta a su peregrinación espiritual. Luego alaben a Dios por los testigos que ha puesto alrededor de sus vidas, y pregúntenle por quiénes pueden hacer lo mismo.

UN RESUMEN DE POR QUÉ ORAR LA BIBLIA

Nuestras oraciones pueden ser más dinámicas y eficaces que pedirle al Señor sin propósito que "bendiga esto y bendiga aquello". Nuestras oraciones serán energizadas por medio de la dirección del Espíritu Santo mientras usamos la Biblia como guía de oración. Podemos perseguir las mismas cosas que conciernen al corazón de Dios, porque Él las escribió para nosotros en su santa Palabra.

Debido a que la Biblia es la Palabra viva y poderosa de Dios y a que el Espíritu Santo está en cada uno de nosotros como creyentes en Jesucristo, Él está presente para iluminarnos su Palabra. Aunque esto no suceda en toda ocasión, hay momentos en que estamos orando a través de los libros de la Biblia en los cuales se hace claro sobre qué Dios desea que oremos exactamente. Sam no es el líder de nuestro tiempo de oración, ni tampoco lo es Vicki. ¡A menudo nos miramos el uno al otro, dándonos cuenta con alegría de que Dios verdaderamente está liderando nuestro tiempo de oración!

Jesús les dijo a los judíos que habían creído en él: "Si ustedes permanecen en mi palabra, serán verdaderamente mis discípulos" (Juan 8:31, RVC). La palabra *permanecer* abarca las ideas de "quedarse, estar en casa, descansar en". Mientras oramos la Palabra, esta ocupa un lugar más profundo en nuestro hogar, nuestras vidas, nuestro matrimonio y nuestra familia. Y se hace evidente que verdaderamente somos discípulos de Jesús

ORACIÓN JUNTOS

Ciertamente, la palabra de Dios es viva y poderosa, y más cortante que cualquier espada de dos filos. Penetra hasta lo más profundo del alma y del espíritu, hasta la médula de los huesos, y juzga los pensamientos y las intenciones del corazón. Ninguna cosa creada escapa a la vista de Dios. Todo está al descubierto, expuesto a los ojos de aquel a quien hemos de rendir cuentas.
—HEBREOS 4:12–13

Señor, tu Palabra no es un libro regular, sino una palabra viva y poderosa, más cortante que cualquier espada dos filos. Tiene el poder de penetrar en nuestras almas y espíritus, y la capacidad de mirar profundamente y juzgar los pensamientos y las actitudes de nuestros corazones.

Confesamos que nada escapa a tu vista, Dios. Todo está abierto y expuesto a tus ojos. Ayúdanos a recordar que debemos rendirte cuentas de nuestras vidas. Orando a través de tu Palabra juntos, estamos seguros de que lograrás hacer una obra profunda en nuestro matrimonio y familia de acuerdo a tu voluntad. Amén.

BASES BÍBLICAS

Espero con ansias orar las Escrituras con mi esposa. Nosotros hemos decidido comenzar esta práctica juntos en gran parte debido a su libro. Les pido sus oraciones mientras comenzamos esta jornada de oración y lectura de la Palabra. Llevamos once años de casados y amo profundamente a mi esposa. Hago mi mejor esfuerzo para ser el líder de mi hogar, pero esto puede ser una lucha de vez en cuando. Shannon y yo pasamos tiempo orando juntos, pero nuestros encuentros no son constantes y debemos ser más intencionales. Le agradezco a Dios por este libro. Llegó en el momento perfecto para nosotros en nuestro matrimonio. Alabado sea Dios por su bondad y gracias por escribir este recurso. Bendiciones.

—LARRY

¡Qué gran herramienta Dios les ha dado! Traspasó mi corazón y ahora es el motivo principal de mis mensajes. Les he estado hablando a mis amigos sobre esto. Espero tener más tiempo ahora para ponerlo en práctica en mi iglesia. Estoy personalmente comprometido con esto y el proceso, y voy a enseñárselos a algunos en Cuba esta semana. ¡Gracias de nuevo!

—OMAR

DURANTE UNA ENTREVISTA de radio interesante, un abogado de divorcio compartió su observación sobre cuál mes del año es más popular para presentar un procedimiento de divorcio. Él afirmó que había un patrón anual predecible. A medida que se aproxima el final del año, parece que las parejas casadas pueden luchar con su compromiso de permanecer juntos. Con las vacaciones por llegar, determinan que es mejor para la familia pasar la temporada sin interrupciones. Sin embargo, una vez que el calendario vuelve a enero, finalizan la decisión de separarse.

Luego, durante el mes de febrero, se formulan planes básicos con respecto a cómo será el nuevo futuro una vez que el esposo y la esposa continúen por caminos separados. Lo cual nos lleva a marzo, el mes en que el abogado dijo que la mayoría de los procedimientos de divorcio se presentan realmente ante los tribunales.

UN HOGAR SIN DIVISIONES

Jesús declaró: "Todo reino dividido contra sí mismo quedará asolado, y toda ciudad o familia dividida contra sí misma no se mantendrá en pie" (Mateo 12:25). Él les dijo esto a los líderes religiosos de los judíos después de haberlo acusado de expulsar a los demonios por el poder de Satanás. Ellos habían comentado: "Este no expulsa a los demonios sino por medio de Beelzebú, príncipe de los demonios" (v. 24). En respuesta, Jesús señala la insensatez de la acusación. Su lógica es clara. Ningún reino, ciudad u hogar sobrevivirá—y mucho menos florecerá y crecerá—si se destruye a sí mismo. La autodestrucción es el peor tipo de desaparición.

Jesús hizo referencia a los hogares en su refutación a los líderes judíos, y aunque no mencionó en específico el matrimonio, claramente la unión del esposo y la esposa es el motor de la casa. Si el motor ya no funciona, el matrimonio y el hogar dejarán de avanzar, y una vez que la energía de un matrimonio está enfocada en dividirse, no puede perdurar.

Uno de los objetivos principales de este libro es ayudar a los matrimonios cristianos a mantenerse firmes incluso cuando la oposición es feroz. En el capítulo 9, analizamos siete beneficios de orar la Palabra de Dios en nuestros matrimonios. Ahora veremos siete fundamentos bíblicos que animan a orar la Palabra de Dios y solidificar la unidad frente a factores que de otra forma podrían dividirnos. Aunque no hay versículos específicos en la Biblia que les ordenen a esposos y esposas orar juntos usando la Palabra, estamos convencidos de que este camino es una conclusión razonable, como lo demuestra una gran cantidad de pasajes que hablan sobre el poder de la Palabra de Dios y la importancia de la institución del matrimonio.

Los siete beneficios del capítulo 9 y los siete fundamentos bíblicos que siguen están dirigidos a convencerlos y motivarlos a buscar una unión espiritual más intencional y regular en su matrimonio.

Espero que por la gracia de Dios resuelvan que su matrimonio no solo perdurará, sino que crecerá al aumentar su salud y madurez. Un matrimonio saludable y maduro fortalece su hogar, la ciudad y, en última instancia, el Reino de Dios. Cada fundamento bíblico contribuye al modelo vital de orar a través de los libros de la Biblia como una guía para nuestras oraciones en el matrimonio. Antes de discutir cada uno en detalle, aquí le presento el resumen general:

1. INTIMIDAD MARITAL
   Génesis 2:24–25—Desnudos y sin sentir vergüenza.

2. PRESENCIA DE DIOS
   Mateo 18:20—Yo estoy en medio de ellos.

3. ACERCAMIENTO CONFIADO
   Hebreos 4:14–16—El trono de la gracia.

4. ORACIONES SIN ESTORBOS
   1 Pedro 3:7—Así nada estorbará las oraciones.

5. ESCRITURA ÚTIL
   2 Timoteo 3:16–17—Toda la Escritura es inspirada por Dios y útil.

6. LIMPIEZA MEDIANTE LA PALABRA
   Efesios 5:25–28—Lavado con la Palabra.

7. AMOR Y RESPETO
   Efesios 5:32–33—Ame a su esposa, respete a su esposo

I. INTIMIDAD MARITAL

Por eso el hombre deja a su padre y a su madre, y se une a
su mujer, y los dos se funden en un solo ser. En ese tiempo
el hombre y la mujer estaban desnudos, pero ninguno de los
dos sentía vergüenza.
                                            —GÉNESIS 2:24–25

Vergüenza

"¡Usted debería estar avergonzado de sí mismo!".

¿Alguna vez ha experimentado estas palabras embarazosas? No son muy motivadoras, ¿verdad? De hecho, probablemente lo hacen sentir expuesto, condenado, y tal vez incluso humillado. La vergüenza es una fuerza poderosa. Cuando nos enfrentamos a una culpa justificable, el sentimiento de vergüenza puede motivarnos a hacer algunos cambios necesarios en nuestras actitudes, perspectivas y comportamientos. Por otro lado, el sentimiento de vergüenza puede poner de manifiesto resultados negativos sin ninguna piedad. La vergüenza no solo señala algo que hicimos o dijimos, sino que nos destruye personalmente. La vergüenza indica que usted falló en algo, y continúa diciendo que es un fracaso como persona. Las personas avergonzadas son deficientes; no están a la altura de las circunstancias; son imperfectas. El jurado ha regresado al tribunal para confirmar nuestra culpa...¡y para recordarnos que somos malas personas! La vergüenza surge de estar expuestos en presencia de otros. Debido a que hemos sido "descubiertos", la tendencia es a ocultarnos. Así sucedió con Adán y Eva.

Escondiéndose en el jardín

Dios diseñó al esposo y la esposa para ser "un solo ser" en el matrimonio. Esta unidad promueve una intimidad holística que Dios identifica como desnudez. La desnudez consiste en una transparencia natural y una vulnerabilidad que no deja espacio para la vergüenza. ¡Si solo pudiéramos encontrar la forma de volver al jardín del Edén!

Usted recuerda la historia. Adán y Eva están viviendo en completa armonía, inocencia y paz en la presencia de Dios. Sin embargo, cuando el pecado llegó, todo lo bello se dañó. Ya no estaban cómodos con su desnudez, así que Adán y Eva recogieron hojas y las entretejieron a fin de hacerse ropas para cubrir su desnudez física. Entonces Dios llegó para que ellos dieran su paseo regular con Él, pero la vergüenza los golpeó y condujo al hombre y a su esposa a esconderse entre los arbustos.

Oración desnuda

Cuando un esposo y una esposa oran juntos de manera intencional, muchas cosas grandes pueden suceder. La unidad única de su matrimonio se afirma y aumenta, y cuando venimos juntos ante el Señor, surge una atmósfera de humildad. El tiempo de oración fomenta la vulnerabilidad y la transparencia delante de nuestro Dios santo y del uno ante el otro. Nuestros corazones están cada vez más "desnudos" y expuestos a Dios y a su cónyuge. Las agendas personales enfocadas en uno mismo y los derechos percibidos ocupan un segundo lugar a fin de suplir las necesidades y deseos de nuestro cónyuge primero. Y lo más importante, el lado oscuro de la vergüenza es desterrado. La necesidad de esconderse se cambia por la honestidad. La compasión y la sensibilidad aumentan.

Tales beneficios se evidencian en nuestro matrimonio porque:

> *Más valen dos que uno, porque obtienen más fruto de su esfuerzo. Si caen, el uno levanta al otro. ¡Ay del que cae y no tiene quien lo levante! Si dos se acuestan juntos, entrarán en calor; uno solo ¿cómo va a calentarse? Uno solo puede ser vencido, pero dos pueden resistir. ¡La cuerda de tres hilos no se rompe fácilmente!*
> —ECLESIASTÉS 4:9–12

Debido a este principio de que "más valen dos que uno" es que la Biblia nos llama a orar con otros cristianos.

Los discípulos una vez le solicitaron a Jesús una instrucción importante: "Enséñanos a orar" (Lucas 11:1). A través de los siglos, su respuesta ha llegado a ser conocida como la Oración del Señor. Y observe que cada petición de la oración tiene lugar en plural: Padre nuestro, danos, perdónanos, líbranos (Mateo 6:9–13). Sin lugar a dudas, cada creyente tiene la necesidad de orar de forma personal y privada, sin embargo, hay un enorme poder en la oración con otros creyentes…¡en especial con nuestros compañeros en la vida!

2. PRESENCIA DE DIOS

Porque donde dos o tres se reúnen en mi nombre, allí estoy yo en medio de ellos.

—MATEO 18:20

La presencia de Dios es un tema importante a lo largo de toda la Biblia. En los primeros capítulos de Génesis, Dios camina en el fresco del jardín con Adán y Eva, y en el otro extremo—en Apocalipsis 21—se crean un nuevo cielo y una nueva tierra, y la ciudad santa, la nueva Jerusalén, desciende del cielo, después de lo cual una voz fuerte desde el trono declara: "Aquí está el tabernáculo de Dios con los hombres. Él vivirá con ellos, y ellos serán su pueblo, y Dios mismo estará con ellos y será su Dios" (v. 3, RVC). ¡De un extremo de la Biblia al otro, Dios tiene la intención de morar con su pueblo!

La frase "yo estoy contigo" aparece veintiuna veces en la Biblia. Dios reafirma su presencia con Jacob, Josué, con Jeremías e Isaías y a través de ellos, y generalmente con todo su pueblo a lo largo de todo el Antiguo Testamento. La presencia de Dios proporciona fuerza, ayuda, protección, comodidad y seguridad. A través de su presencia, Dios puede salvar, rescatar y liberar. A medida que abrazamos la realidad de la presencia de Dios, nuestra pesadilla del miedo se enfrenta y expulsa. Una y otra vez, Dios le dice a su pueblo: "No tengas miedo, porque yo estoy contigo".

Jesús específicamente promete su presencia en las palabras finales antes de su ascensión. A su instrucción de despedida se le llama a menudo la Gran Comisión, pero hay dos conceptos significativos "acotando" al principio y al final de su mandamiento a hacer discípulos:

(1) La autoridad de Cristo—"Se me ha dado toda autoridad en el cielo y en la tierra" (Mateo 28:18).

(2) La presencia de Cristo—"Y les aseguro que estaré con ustedes siempre, hasta el fin del mundo" (Mateo 28:20).

Jesús afirma que su presencia equipa y sostiene nuestras vidas para llevar a cabo el servicio obediente de hacer discípulos.

Una de las enseñanzas asombrosas del Nuevo Testamento es la presencia de Dios en cada creyente individual. Cristo vive *en* nosotros. Somos el templo del Espíritu Santo. Por supuesto, esto resulta reconfortante y convincente. ¡Él sabe todo lo que sucede fuera y dentro de nosotros! No obstante, la presencia de Dios también se manifiesta de una manera especial cuando varios creyentes se reúnen. Jesús dice: "Donde dos o tres se reúnen en mi nombre, allí estoy yo en medio de ellos" (Mateo 18:20).

Parece razonable que la reunión más íntima de dos personas sea ciertamente el matrimonio. Cuando nos reunimos en el nombre de Jesús, como un esposo y una esposa creyentes, Jesús promete que Él está presente con nosotros. La asociación tripartita de matrimonio—esposo, esposa y Dios—se convierte en una realidad viviente. Orar como marido y mujer reconoce e invita a la presencia de Jesús en el matrimonio, el hogar y la familia. Al estar juntos para orar en la unidad del matrimonio, nos reunimos en el nombre de Jesús, y Él promete estar presente.

Mientras oramos la Palabra, la presencia de Jesucristo no solo viene a nosotros a través del Espíritu Santo, sino también mediante la Escritura misma. ¡Por medio de ella, tenemos acceso a las bendiciones y promesas asociadas con la presencia de Dios!

La presencia de Dios puede ser una verdad que damos por garantizada, pero a medida que somos más intencionales y regulares en la oración conyugal, su presencia será más tangible, trayendo las bendiciones que la acompañan. "Así que no temas, porque yo estoy contigo; no te angusties, porque yo soy tu Dios. Te fortaleceré y te ayudaré; te sostendré con mi diestra victoriosa" (Isaías 41:10).

3. ACERCAMIENTO CONFIADO

Por lo tanto, ya que en Jesús, el Hijo de Dios, tenemos un gran sumo sacerdote que ha atravesado los cielos, aferrémonos a la fe que profesamos. Porque no tenemos un sumo sacerdote incapaz de compadecerse de nuestras debilidades, sino uno que ha sido tentado en todo de la misma manera que nosotros, aunque sin pecado. Así que acerquémonos confiadamente al trono de la gracia para recibir misericordia y hallar la gracia que nos ayude en el momento que más la necesitemos.

—HEBREOS 4:14–16

Este pasaje sigue a aquel en que el escritor de Hebreos declara que la Palabra de Dios es viva, poderosa, cortante y penetrante. La agudeza de la Palabra de Dios examina la parte inmaterial de nuestro ser. Divide el alma y juzga los pensamientos y las actitudes de nuestro corazón. Él concluye: "Ninguna cosa creada escapa a la vista de Dios. Todo está al descubierto, expuesto a los ojos de aquel a quien hemos de rendir cuentas" (Hebreos 4:13). Estamos continuamente expuesto ante un Dios que conoce todas las cosas: pasado, presente y futuro. Esta realidad nos condena...tal vez incluso resulte aterradora para algunos de nosotros. Aunque ocultarse difícilmente sea una opción, nuestro sentido innato de la vergüenza nos obliga a retroceder ante Dios. ¿Cómo podemos orar cuando Él sabe cuán indignos y descalificados nos mostramos en medio de nuestras luchas, fracasos y pecados? Es posible sentirnos paralizados por nuestros temores y fracasos.

Sin embargo, el escritor de Hebreos tiene un "por lo tanto" que compartir. Hay algo más en esta historia. Es cierto que no podemos acercarnos a Dios basándonos en los méritos de nuestra dignidad. La belleza del evangelio reside en que Dios provee un camino para nuestro beneficio basado únicamente en la dignidad de su Hijo Jesús. Así que se nos recuerdan varios fundamentos que sustentan nuestra profesión de fe en Jesucristo.

Primero, Jesús es nuestro gran sumo sacerdote que nos ha precedido a los cielos. La esencia del papel del sumo sacerdote es presentarse en nombre de aquellos a los que representa. Él es capaz de abrir el camino que de otra forma estaría interrumpido.

En segundo lugar, Jesús es un sumo sacerdote comprensivo. Él simpatiza con nuestras debilidades. El escritor de Hebreos nos invita a considerar que Jesús fue tentado en todo al igual que nosotros. No obstante, ¿cómo puede el santo Hijo de Dios ser tentado? Los teólogos discuten tales asuntos en un intento de "sortear" enseñanzas que son difíciles de interpretar, pero necesitamos no tratar de explicar por qué la Biblia no quiere decir exactamente lo que expresa con palabras.

Jesús caminó en este mundo caído lleno de pecado. Él no era solo cien por ciento Dios, sino también cien por ciento hombre. Sentía la presión del mal. En realidad, debido a quien Él es, puede haberlo experimentado con más facilidad que cualquier otra persona.

Un tercer fundamento para nuestra fe es algo que resultó totalmente diferente con respecto a Jesús comparado con nosotros. Estando acosados y perseguidos por las tentaciones a nuestro alrededor, a veces inevitablemente fracasamos... en ocasiones mucho más de lo que podríamos pensar. No obstante, Jesús fue único en lo que respecta a estar *libre de pecado*. Jesucristo está calificado no solo por su papel como nuestro sumo sacerdote, sino más importante aún, por la integridad perfecta de su carácter y su ser. ¡Él era y es absolutamente perfecto!

¡La revelación del Nuevo Testamento en Jesucristo y su evangelio anuncia que Dios está *a nuestro favor*! Por nuestra cuenta, nos quedamos cortos en todo momento. No obstante, si miramos a nuestro Salvador compasivo y sin pecado, podemos responder de manera afirmativa a la invitación de Dios para que nos "acerquemos confiadamente al trono de la gracia".

Con frecuencia, cuando las personas hablan de confianza, se posicionan como apoyadas en sí mismas. Se nos exhorta a exudar confianza en nosotros mismos, a ser autosuficientes y a depender solo de nosotros. Sin embargo, el escritor de Hebreos dice que todo acerca de *nosotros mismos* está expuesto ante Dios…y eso no constituye una buena causa para tener confianza. Más bien, nuestra confianza no descansa en nosotros mismos, sino en nuestro sumo sacerdote Jesucristo. Podemos acercarnos con confianza al trono de la gracia porque Jesús ha ido antes que nosotros y nos invita seguirlo. También estamos seguros de que Jesús actúa como sumo sacerdote no solo proveyéndonos el acceso a Dios, sino además intercediendo de forma personal: "Por eso también puede salvar por completo a los que por medio de él se acercan a Dios, ya que vive siempre para interceder por ellos". (Hebreos 7:25).

La maravillosa verdad con respecto al gran trono de Cristo es que allí podemos recibir misericordia y gracia en tiempo de necesidad. ¿Y cuándo es nuestro tiempo de necesidad? *En todo momento.* Ya sea en el matrimonio, la familia (tanto inmediata como extendida), el lugar de trabajo, las decisiones, las presiones, las pérdidas, los problemas o las preocupaciones de la vida, nos encontramos continuamente en tiempos de necesidad.

El trono de la gracia de Dios es el lugar central al que Dios nos llama como cristianos individuales y en nuestros matrimonios. Hay muchos sitios especiales a los que podemos ir juntos como marido y mujer. Puede tratarse de algo tan sencillo como una cena en su restaurante favorito o tan exótico como unas vacaciones en el extranjero. No obstante, hay otro lugar que debemos frecuentar como parejas casadas, y es más refrescante, pacífico y satisfactorio que una cabaña en las montañas o un hotel junto a la playa, y la visita no cuesta nada. Podemos estar allí en un instante, a cualquier hora del día o la noche. Es un lugar de unión y comunión con Dios, un lugar al que podemos acercarnos con confianza gracias a Jesús: ¡el trono de la gracia!

4. ORACIONES SIN ESTORBOS

De igual manera, ustedes esposos, sean comprensivos en su vida conyugal, tratando cada uno a su esposa con respeto, ya que como mujer es más delicada, y ambos son herederos del grato don de la vida. Así nada estorbará las oraciones de ustedes.

—1 PEDRO 3:7

Estas palabras fueron revolucionarias en el contexto del primer siglo greco-romano. Normalmente, el "procedimiento del matrimonio estándar" era enfocarse en las responsabilidades de la esposa con su marido. Las mujeres por lo general no recibían ningún respeto, y las esposas en particular eran tratadas con frecuencia como una mera posesión. Sin embargo, Pedro escribe las palabras inspiradas de Dios, llamando a los maridos a tratar a sus esposas con comprensión, sensibilidad y honor. ¡Esto era inaudito!

A través de la historia, e incluso en algunos lugares hoy, muchas culturas y religiones degradan a las mujeres y las consideran inferiores a los hombres. Ellas son tratadas como siervas e instrumentos para satisfacer las pasiones del varón. Durante muchos años, incluso en muchas democracias occidentales, las mujeres no tenían derecho a votar. Sin embargo, el cristianismo confronta la injusticia de tal tratamiento y eleva a las mujeres como coherederas de la gracia, la esperanza y las promesas de Jesucristo.

Las esposas deben ser tratadas con respeto, amabilidad, estima, amor y honor. Aunque Pedro se refiere a la esposa como "más delicada", la esposa no es más débil desde el punto de vista intelectual, emocional, moral o espiritual. Pedro establece un contraste con la fuerza física y el poder de un hombre debido a que en términos generales las esposas son más tiernas, sensibles, frágiles de estructura, y están sujetas a la fatiga y el esfuerzo de la vida. Por otro lado, ¿podría usted imaginarse a un hombre dando a luz? Ningún hombre que haya sido testigo del nacimiento de un niño sería capaz en su sano juicio de asegurar: "¡Creo que podría lidiar con eso!".

Nuestros matrimonios y hogares son escenarios únicos donde la estima por la feminidad puede exhibirse. Dios llama claramente a los maridos a vivir con sus esposas de una manera comprensiva. Como dice Pedro, "con respeto". ¿Por qué? Porque ella es coheredera del grato don de la vida.

Dado que el objetivo de este libro es fomentar la oración conyugal, existe una conexión interesante e importante con esta concesión de respeto y honor a una esposa. Pedro conecta la actitud y el trato del marido hacia su esposa con el *éxito de sus oraciones*. Él advierte que las oraciones pueden encontrar estorbos si la actitud del esposo y la forma en que trata a su esposa no están alineadas con la visión de Dios. La perspectiva de un hombre y el tratamiento que le da a su esposa tienen serias implicaciones espirituales.

El Señor llama al esposo creyente a honrar a su esposa como coheredera del "don de la vida". Esta entrega de honor y respeto incluye los aspectos emocionales, espirituales e incluso físicos de la vida. Las oraciones intencionales y regulares como marido y mujer proporcionan un ambiente dinámico para que la comprensión y el honor fluyan en un matrimonio. Guiados por la Palabra de Dios, nuestras oraciones juntos:

* ❖ comprenden la atención espiritual y el respeto mutuo requeridos para el éxito del matrimonio;
* ❖ traen satisfacción, paz y amor a la relación, cosas estas que una abundancia de dinero y posesiones nunca podría proporcionar;
* ❖ cubren a nuestras familias e hijos con la Palabra y la voluntad de Dios; y

✤ fortalecen al matrimonio para hacerle frente a las realidades de las pruebas de la vida, los problemas, las pérdidas, enfermedades y decepciones.

5. ESCRITURA ÚTIL

Toda la Escritura es inspirada por Dios y útil para enseñar, para reprender, para corregir y para instruir en la justicia, a fin de que el siervo de Dios esté enteramente capacitado para toda buena obra.
—2 TIMOTEO 3:16–17

Cerca de los primeros días de su segundo viaje misionero, los apóstoles Pablo y Silas entraron en una ciudad llamada Listra. Allí, Dios les proveyó un compañero para su viaje, un joven llamado Timoteo, de quien los hermanos de la iglesia hablaron muy bien. Timoteo se convirtió en un compañero cercano y discípulo de Pablo. La relación era como la de un hijo sirviendo junto con su padre. En realidad, la relación entre ellos era tan estrecha, que Pablo les dijo a los filipenses refiriéndose a Timoteo: "Nadie como él" (Filipenses 2:20). El viaje de la vida y sus servicios fundando y estableciendo iglesias hizo que sus vidas se entretejieran con propósito y significado. En realidad, las últimas epístolas de Pablo llevan el nombre de Timoteo.

La carta es rica en lo que respecta a la contundente realidad del discipulado. Pablo no se contiene mientras le repite a Timoteo las grandes dificultades y tinieblas a las que se enfrentaba, no solo en el camino del ministerio, sino también en lo personal. El apóstol estaba escribiendo literalmente sostenido por cadenas romanas, pero la epístola brilla con esperanza y expectativa. Los breves capítulos están repletos de verdades y desafíos que elevan el espíritu del lector a fin de mostrar fuerza y resistencia para hacer avanzar el reino. El principal recurso que Pablo trae ante Timoteo es las Sagradas Escrituras. Pablo sabía que desde su infancia Timoteo había sido criado bajo la influencia de las Escrituras, aparentemente por parte de su abuela Loida y su madre Eunice.

"Toda la Escritura es inspirada por Dios", dice Pablo. La Biblia en su totalidad constituye la Palabra inspirada de Dios. No es un libro ordinario escrito por los hombres, sino uno dado por el mismo aliento de Dios a través de los hombres que Él designó para escribir. En sus relatos narrativos, profecías, doctrinas, promesas, salmos y principios—en cada frase y cada palabra—la Biblia es la Palabra de Dios, y como tal es "útil". Pablo menciona cuatro áreas en las cuales la Palabra puede ser usada para gran beneficio. La *enseñanza* significa recibir conocimientos con las verdades de Dios; la *represión* y la *corrección* identifican los errores y la pecaminosidad, apuntando en la mejor dirección; y la *instrucción* literalmente se refiere a un entrenamiento como el de un niño. Estas funciones vitales de la Palabra nos compelen a avanzar por el sendero de la justicia. El propósito general es equiparnos para toda buena obra.

Permita que la Biblia le muestre qué debe orar en lugar de imaginar sus oraciones en el lugar, con la parte superior de su cabeza. Dado lo que dice Pablo acerca de la naturaleza y la utilidad de las Sagradas Escrituras, cuando oramos la Palabra de Dios en voz alta, esta se avivará en nuestros corazones y mentes. Nuestras oraciones estimulan la enseñanza, la represión, la corrección y la instrucción en la justicia. Al expresar la Palabra en la oración, Dios realiza una preparación más completa a fin de llevar a cabo toda buena obra que ha planeado para nosotros.

¡Piense en las posibilidades y el poder de orar la Palabra en voz alta sobre las vidas de nuestros hijos y nietos! Esto puede ser determinante, y lo será. Como una pareja casada, ustedes pueden orar para que los ministerios de enseñanza, represión, corrección, entrenamiento y equipamiento del Espíritu Santo formen parte del legado de su familia. Las Escrituras impactaron a Timoteo desde su infancia, y la misma dinámica puede surgir en las vidas de nuestros hijos y nietos.

6. LIMPIEZA MEDIANTE LA PALABRA

*Esposos, amen a sus esposas, así como Cristo amó a la iglesia
y se entregó por ella para hacerla santa. Él la purificó, lavándola con agua mediante la palabra, para presentársela a
sí mismo como una iglesia radiante, sin mancha ni arruga
ni ninguna otra imperfección, sino santa e intachable. Así
mismo el esposo debe amar a su esposa como a su propio
cuerpo. El que ama a su esposa se ama a sí mismo.*

—EFESIOS 5:25–28

Los cinco fundamentos bíblicos que hemos tratado hasta ahora
tienen una amplia aplicación al ministerio de oración para cualquier
creyente. Sin embargo, estos dos últimos conceptos básicos se refieren específicamente a los aspectos espirituales y la salud de un
matrimonio cristiano. En la segunda mitad de Efesios, aparecen
múltiples exhortaciones concernientes a la vida cristiana:

- ✤ "vivan de una manera digna del llamamiento que han
  recibido" (4:1);
- ✤ "llegaremos [...] a una humanidad perfecta que se conforme a la plena estatura de Cristo (4:13);
- ✤ "imiten a Dios, como hijos muy amados, y lleven una
  vida de amor" (5:1–2);
- ✤ "vivan como hijos de luz" (5:8); y
- ✤ "sean llenos del Espíritu" (5:18).

Pablo también les hace a los esposos la exhortación de que "amen
a sus esposas" como evidencia de que están llenos del Espíritu.

El día de la ceremonia de bodas, un esposo siente un profundo
amor por su esposa, que lo mantiene cautivado. Jesucristo también
ama a su novia, la Iglesia. Estos versos familiares revelan cosas sor-
prendentes acerca del alcance del gran amor de Jesús por su novia.

- ✤ Su intención—Jesús amó a la Iglesia.
- ✤ Su sacrificio—Jesús se entregó por ella.

❖ Su propósito—Para hacerla santa y purificarla.

❖ Su método—Lavándola con agua mediante la Palabra

❖ Su meta—Presentársela a sí mismo como una iglesia radiante, sin mancha ni arruga ni ninguna otra imperfección, sino santa e intachable.

Pablo señala el gran amor y el sacrificio de Jesús por su esposa a fin de ilustrar el estándar de cómo los esposos deben amar a sus esposas. Un esposo puede legítimamente preguntarse: "¿Cómo puedo amar a mi esposa así?".

La decisión del marido de acercarse a su esposa en intimidad espiritual se convierte en una expresión perfecta de tal amor. Una esposa se siente amada y valorada a través de la atención que le presta su esposo para ayudarla a nutrirse espiritualmente. La realidad desalentadora para muchos esposos es que están buscando torpemente la intimidad espiritual. Pueden sentirse presionados por el pensamiento de que necesitan brindarle perspectivas e ideas espirituales nuevas y únicas a su esposa, pero como hemos señalado, tal pensamiento es un error. Orar juntos la Palabra se convierte en una herramienta dinámica para mejorar la conexión espiritual y emocional, ya que no se trata de lo que nosotros como maridos traemos a nuestro tiempo juntos. Todo tiene que ver con lo que Dios trae a nosotros en el transcurso de orar su Palabra.

Observe también que la Biblia afirma que Jesús purificó a su novia "lavándola con agua mediante la palabra". Así es exactamente *cómo* un marido puede amar a su esposa. Al orar a través de la Palabra de Dios, un hombre estará "lavando a su esposa con el agua de la Palabra". El término griego empleado aquí para "palabra" es *rhema*, que significa algo que se pronuncia o se habla. Si bien hay una variedad de puntos de vista en cuanto a lo que esta pronunciación se refiere, sugerimos que orar a través de la Biblia es una manera práctica de darles voz a las verdades de Dios, o de pronunciarlas. Al orar en voz alta juntos las verdades de Dios se expresan. La Palabra produce esperanza mientras oramos. Esta constituye el instrumento del Espíritu Santo para lograr la bendición—e incluso el cambio radical—trayendo su guía, restauración y perspectiva, las cuales pueden infundirle nueva vida a nuestros matrimonios, hijos, familia extendida, ministerios y carreras. Orar la Palabra como un matrimonio produce un efecto santificador y purificador. Pablo habla directamente sobre el impacto en la vida de la esposa, pero el mismo efecto influye en el marido también.

Según nuestra experiencia, orar la Palabra la entreteje de una forma más íntima en nuestras almas. La misma se vuelve más memorable, especialmente cuando el tiempo providencial de Dios une un problema de la vida actual con el contenido de los versículos que estamos orando. El hecho de que "Él la purificó, lavándola con agua mediante la palabra" invoca el símbolo de ser purificados mientras somos bautizados con la Palabra hablada. Mientras expresamos nuestro camino a través de la Palabra con oraciones, las Escrituras nos lavan. Esto no quiere decir que estamos usando la Palabra de Dios para nuestros propios propósitos egoístas. Más bien, permitimos que la Palabra de Dios conforme nuestras oraciones mientras invitamos a los propósitos de Dios a cumplirse en nuestras vidas. El objetivo no es que "venga mi reino", sino que "venga el Reino de Dios".

Pablo llama a los esposos al modelo de amor que Jesús demuestra al decir: "Esposos, amen a sus esposas". Él continúa señalando: "Así mismo el esposo debe amar a su esposa como a su propio cuerpo. El que ama a su esposa se ama a sí mismo". La frase "así mismo" significa que el amor de Jesús por su esposa no es solo un ejemplo de amor para contemplar, sino también un modelo a seguir. Por la gracia de Dios, un esposo puede aceptar el reto y la oportunidad de avanzar hacia el liderazgo espiritual en su matrimonio. ¡Oramos que esto lo anime a seguir este mismo camino!

El evangelio de Jesús crea la base, y su obra continua en nuestras vidas se enfoca en aumentar nuestra piedad. Él desea construir para sí mismo una iglesia que sea radiante, sin mancha, arruga u otra imperfección, santa e intachable. Orar la Palabra como esposo y esposa es una manera práctica de que cada uno avance en esta obra de santificación.

7. AMOR Y RESPETO

Esto es un misterio profundo; yo me refiero a Cristo y a la
iglesia. En todo caso, cada uno de ustedes ame también a su
esposa como a sí mismo, y que la esposa respete a su esposo.
—EFESIOS 5:32–33

Pablo concluye Efesios 5 en referencia al matrimonio lleno del Espíritu con mandamientos claros y prácticos. A los esposos se les manda amar a sus esposas. A las esposas se les manda respetar a sus esposos.

El apóstol regresa a Génesis 2:24–25 para recordarles a sus lectores que el esposo y la esposa son "un solo cuerpo" (Efesios 5:31). Esto representa un misterio, rico en implicaciones de largo alcance e importancia. Existe un poderoso paralelo entre la unidad y la intimidad de Cristo con su Iglesia y las del esposo creyente con su esposa. Ciertamente, el esposo y la esposa conservan sus identidades, roles y responsabilidades individuales, pero al mismo tiempo están unidos como un solo ser. El resultado no es uniformidad y semejanza, sino más bien unidad y compañerismo.

El matrimonio es una provisión de Dios para que el hombre y la mujer experimenten la belleza y los recursos de la relación más íntima entre seres humanos. Dios no creó a un padre y un hijo en el jardín; Él creó a un esposo y una esposa. La unión matrimonial es el motor de una familia fuerte y el núcleo de una sociedad saludable. No deberíamos sorprendernos por la presión intensa y directa sobre la institución del matrimonio. Mientras el matrimonio se degrada, redefine y minimiza en importancia, la familia—y a su vez la sociedad—se ve gravemente dañada. El enemigo de nuestras almas está encantado de ver cómo sus planes para robar, matar y destruir siguen avanzando.

En marcado contraste, Jesucristo ama y cuida a la Iglesia porque es el Cuerpo de Cristo. Ella no solo *representa* a Jesús en la comunidad, sino *es* la presencia de Jesús en la comunidad. Este paralelo demuestra hasta qué punto cada esposo debe amar a su esposa: ¡debe amarla como a sí mismo! Anteriormente en este capítulo, Pablo escribe: "El esposo debe amar a su esposa como a su propio cuerpo. El que ama a su esposa se ama a sí mismo, pues nadie ha odiado jamás a su propio cuerpo; al contrario, lo alimenta y lo cuida, así como Cristo hace con la iglesia" (5:28–29). Es natural y saludable para un esposo atender las necesidades de su cuerpo, y puesto que la esposa es una con su marido (y esto se ilustra en la unión de la intimidad física), es más natural y saludable para el esposo cuidar de su esposa.

¿Cómo se nutre mejor esta relación importante? Démosle un vistazo a una deliciosa analogía.

A la gente le encanta tomar una buena taza de café caliente por la mañana. Para muchos, la forma preferida de tomar su café es acompañándolo con el justo equilibrio de dos ingredientes adicionales: crema y azúcar. Del mismo modo, se requiere el equilibrio de dos ingredientes esenciales para darle sabor a un matrimonio saludable: amor y respeto. Cuando el esposo ama a su esposa, ella se siente inspirada a respetarlo. Cuando la esposa respeta a su esposo, él es motivado a amarla. El fluir de estas expresiones mutuas tiene un impacto recíproco y creciente en el matrimonio. ¡Más amor y más respeto producen más respeto y más amor!

Para probar la exactitud de esto, le hemos pedido de vez en cuando a las parejas que pasen una breve prueba sobre el matrimonio. Tal vez quieran intentar hacerla ustedes mismos o pedírselo a algunos de sus amigos. Pregúntele a un esposo si prefiere que su esposa le diga "Te amo" o "Estoy orgullosa de ti". ¡La mayoría escogerá "Estoy orgullosa de ti"! Sin embargo, pregúntele a una esposa si ella preferiría escuchar a su marido decirle "Cariño, te amo" o "Cariño, estoy orgulloso de ti", y muchas dirán que prefieren escuchar "Te amo".

Aun así, la exhortación de Pablo no es exclusiva. La expresión inversa de estas virtudes también se aplica en los matrimonios saludables. Las esposas deben amar a sus esposos y los esposos deben estar orgullosos de sus esposas. No obstante, Pablo pulsa la cuerda primaria en el ADN de cada género para alimentar una intimidad llena del Espíritu y creciente en el matrimonio.

Las virtudes del amor y el respeto cargan la atmósfera con energía positiva y alegría. Cuando somos más intencionales en la oración juntos, el amor y el respeto del uno hacia el otro se cultivan en nuestros corazones. Mientras un marido ora por medio de la Palabra, su esposa es testigo de la humildad de su esposo ante el Señor, la sensibilidad a lo que están enfrentando en la vida, y la atención que le presta a su alma…y su respeto por él aumenta. Mientras la esposa ora la Palabra, el marido aprende cada vez más cómo Dios le habla a su corazón y cómo expresa sus alabanzas y peticiones…y su amor por ella aumenta en ternura y comprensión. El amor y el respeto alimentados por la llenura del Espíritu se edifican uno sobre el otro, mejorando todos los otros aspectos del matrimonio y la familia.

ORACIÓN JUNTOS

Toda la Escritura es inspirada por Dios y útil para enseñar, para reprender, para corregir y para instruir en la justicia, a fin de que el siervo de Dios esté enteramente capacitado para toda buena obra.
—2 TIMOTEO 3:16–17

Padre nuestro, se nos recuerda la naturaleza y el carácter de tu santa Palabra…¡que toda la Escritura está inspirada por tu mismo aliento! Creemos que la Biblia no es un libro ordinario de la antigüedad, sino que es tu Palabra fresca cada día. Mientras estamos aprendiendo a orar con la Palabra de Dios como guía, reconocemos que es útil para enseñar, reprender, corregir e instruir en justicia. ¡Nosotros somos tus siervos, Dios, y estamos agradecidos de que tu voluntad sea capacitarnos enteramente para toda buena obra que has preparado a fin de que la llevemos a cabo! Amén.

LANCEMOS SEMILLAS DE ESPERANZA

Mi esposa y yo comenzamos a orar de manera regular juntos hace más de un año, y esto ha producido un cambio en nuestra vida. Sin duda, ayuda a llevar al matrimonio al siguiente nivel. Habíamos estado teniendo dificultades para encontrar algo en lo que enfocar nuestro tiempo, y su sugerencia de orar la Biblia parece muy acertada...pretendo animar a los hombres de nuestra iglesia a hacer esto también.

—TOM

Algunas de las ideas más transformadoras son las más obvias. He servido como pastor y ahora como misionero. Como tal, entrego mucho de mi tiempo y energía a los demás. A menudo caigo en la trampa de descuidar orar y leer las Escrituras con mi esposa. Hago esto bajo mi propio riesgo. Este modelo de oración es un recordatorio maravillosamente simple del poder transformador de la oración y las Escrituras en el matrimonio y el ministerio.

—JEFF

UN SÁBADO POR la mañana, disfrutamos la oportunidad de hablarles sobre la oración conyugal a setenta parejas durante un seminario matrimonial en una iglesia de nuestra comunidad. A lo largo de los años, la iglesia patrocinadora había sido reconocida como una iglesia insignia en la ciudad, por lo que nos sentíamos humildes ante la oportunidad, y un poco nerviosos. Sin embargo, también nuestro entusiasmo aumentaba a medida que se acercaba la fecha. Estábamos orando con lentitud a través del libro de Colosenses, y dos días antes del acontecimiento, providencialmente llegamos a estos versos:

Dedíquense a la oración: perseveren en ella con agradecimiento y, al mismo tiempo, intercedan por nosotros a fin de que Dios nos abra las puertas para proclamar la palabra, el misterio de Cristo por el cual estoy preso. Oren para que yo lo anuncie con claridad, como debo hacerlo. Compórtense sabiamente con los que no creen en Cristo, aprovechando al máximo cada momento oportuno. Que su conversación sea siempre amena y de buen gusto. Así sabrán cómo responder a cada uno.

—COLOSENSES 4:2–6

Como puede ver, había una serie de palabras y frases en este pasaje que tenían una relación directa con la forma en que nos sentíamos y lo que necesitábamos en ese mismo momento:

* Dedicarse a la oración.
* Una puerta abierta para nuestro mensaje.
* Proclamar el misterio de Cristo.
* Claridad en el mensaje.
* Sabiduría.
* Aprovechar al máximo el momento oportuno.
* Conversación amena.
* Saber cómo responderle a todo el mundo.

Estas verdades de la Biblia fueron oportunas y una guía perfecta para nuestras oraciones mientras nos preparábamos para el seminario.

Esto constituyó un ejemplo especialmente emocionante de cómo Dios se encuentra con nosotros en la oración. En realidad, no es algo tan evidente cada vez que oramos juntos, pero ya sea que lo sepamos o lo sintamos o no, confiamos en que Dios está con nosotros de una manera especial, usando esta disciplina espiritual para atraernos más cerca de Él y el uno del otro.

SEMBRAR ESPERANDO UNA COSECHA

Llegamos temprano a nuestra presentación a fin de instalarnos y estar disponibles para conocer y saludar a las parejas mientras llegaban. La atmósfera estaba cargada de energía, con sonrisas por todas partes y la habitación llena.

La gama de asistentes se sentía emocionada también. Una pareja solo llevaba siete meses de casados. ¡Otra pareja de ancianos acababa de celebrar su sexagésimo aniversario de bodas! Y había otras en todas las etapas entre estas dos. Iniciamos nuestra charla preguntando: "¿Hay algún matrimonio experto en la sala?". Como se pretendía, la pregunta retórica suscitó una serie de carcajadas.

Nos imaginábamos que muchas de estas parejas estaban felizmente casadas, criando a sus familias, disfrutando de las bendiciones y la provisión de Dios, y amando a su iglesia. No obstante, otro pensamiento vino a nosotros mientras nos preparábamos para el seminario. Acechando detrás de las puertas cerradas de los setenta hogares cristianos representados por estos matrimonios, era probable que hubiera todo tipo de dificultad, problemas, juicio, pecado, presión y estrés que pudiéramos imaginar. La vida es real, y la realidad es difícil…sí, incluso para los cristianos, nuestras familias y nuestros matrimonios. Algunos probablemente luchaban contra el estrés de la insuficiencia financiera, las presiones con los niños pequeños, la inestabilidad y la incertidumbre sobre qué hacer con sus adolescentes, enfermedades persistentes, dificultades con los suegros, tensiones sexuales y heridas emocionales, adicción al trabajo, alcoholismo, desempleo, problemas de ira, y en el epicentro de todas las cuestiones: la incapacidad de comunicarse bien. ¿No resulta cierto que nuestra especulación suena a verdad? ¡Sin embargo, estas parejas casadas en Cristo no estaban asistiendo como hipócritas, sino como buscadores de esperanza!

¿Qué semilla, nos preguntábamos, *podríamos sembrar en los suelos tan variados de estos matrimonios para influir positivamente en ellos? ¿Qué podríamos darles en unas pocas horas el sábado por la mañana*

que se infiltrara hasta sus almas, no con el peso de la culpa, sino con anticipación y esperanza? ¿Hay un camino sencillo y razonable que pudiera aplicarse a todos y cada uno de los matrimonios, independientemente de los problemas con que estaban lidiando? ¿Podrían salir de allí tomados de la mano y con un nuevo brillo en sus ojos? Esperábamos con ansias que todo lo que compartiéramos trajera gran fruto a las vidas que teníamos ante nosotros.

LA MEJOR DE LAS INTENCIONES ESPIRITUALES

Hay muchas maneras de fomentar la vida y la salud de la intimidad espiritual en nuestros matrimonios. La oración conyugal con la Biblia como guía tal vez no sea el único camino, pero sí sabemos que este camino puede impactar su matrimonio profundamente. Ese sábado supimos que no podríamos abordar cada problema con el que luchaba el grupo de setenta matrimonios, pero conocíamos a Alguien que podía tratar con cada uno de ellos personalmente, en la oportunidad más perfecta, si solo pudiéramos ayudar a la gente a encontrar el camino a fin de permitir que Él los ayudara.

Como hemos comentado antes, el apóstol Santiago escribió: "Acérquense a Dios, y él se acercará a ustedes" (4:8a). La dinámica de la trinidad del matrimonio adquiere una vida nueva y energizada, así como vitalidad, cuando la pareja se acerca a Dios juntos. La cuerda de tres hilos del matrimonio, la oración y la Palabra de Dios produce fortaleza.

A medida que ustedes consideren lanzarse a esta aventura, tengan en cuenta el Apéndice: "Orando a través del libro de Santiago". ¡El modelo para cómo orar a través de un libro puede ayudarlos a dar el primer paso en un viaje en el que se regocijarán por el resto de sus vidas!

ORACIÓN JUNTOS

Más valen dos que uno, porque obtienen más fruto de su esfuerzo. Si caen, el uno levanta al otro. ¡Ay del que cae y no tiene quien lo levante! Si dos se acuestan juntos, entrarán en calor; uno solo ¿cómo va a calentarse? Uno solo puede ser vencido, pero dos pueden resistir. ¡La cuerda de tres hilos no se rompe fácilmente!

—ECLESIASTÉS 4:9–12

¡Padre, te damos las gracias por nuestro matrimonio! Honramos la verdad que has ordenado de que estemos juntos, porque sabemos que dos, ciertamente, valen más que uno. Hay buenos beneficios mientras trabajamos en la vida juntos; podemos ayudarnos el uno al otro en tiempos de fracaso porque, por supuesto, todos tropezamos a veces. Te alabamos por la calidez que proporciona estar juntos y por la fuerza que tenemos unidos para defender nuestro matrimonio y nuestra familia contra los asaltos de este mundo. Reconocemos esta gran verdad de que "la cuerda de tres hilos no se rompe fácilmente". Tú, Dios, eres nuestro Padre, Salvador y Señor, y somos bendecidos porque tu misma vida se entreteje con nuestro matrimonio para formar juntos una cuerda cada vez más fuerte y durable. Amén.

ORANDO A TRAVÉS DEL LIBRO DE SANTIAGO

Hemos preparado este plan de oración para ayudarles a leer y orar a través del libro de Santiago en el Nuevo Testamento. Nuestro propósito es presentar un modelo de oración que les permita a los esposos y esposas orar juntos de manera más constante y eficaz. La Biblia es la Palabra viva y poderosa de Dios; por lo tanto, orar a través de las Escrituras se convierte en una forma práctica de llevar la Palabra de Dios a sus vidas, matrimonio y familia. Esta guía provee una selección de versículos para cada tiempo de oración que los llevará a través de todo el libro de Santiago. También ofrece una oración sugerida que expresa varias ideas principales a partir de los versos. Simplemente buscamos proporcionarles una muestra de oración para cada pasaje bíblico, pero les propongo que oren lo que el Señor les muestre como marido y mujer en cada sección de versos.

RECORDATORIOS PRÁCTICOS

Una vez que ustedes oren a través del libro de Santiago, estamos seguros de que estarán equipados para seguir adelante y orar a través de otros libros de la Biblia juntos. Mientras lo hacen, pueden beneficiarse de algunas sugerencias prácticas que hemos descubierto a lo largo de los años desde que comenzamos a orar juntos las Escrituras.

1. Lean la selección de los versículos sobre los que desean orar.

No cubran muchos versos a la vez. Las versiones bíblicas modernas a menudo dividen el texto en secciones con encabezados. Esto puede resultar útil a medida que determinan cuántos versículos van a leer para luego orar con especto a ellos. Elijan una sección a la vez, y túrnense para leer la Biblia, o utilicen el método que resulte más viable para su matrimonio. Recomendamos que el esposo y la esposa tengan cada uno una copia de la Biblia, y que usen la misma versión de las Escrituras.

2. Después de leer, reflexionen en silencio en los versos.

¿Qué se destaca para ustedes? El Espíritu Santo les mostrará las principales ideas, palabras, temas y conceptos en el pasaje. Pueden marcarlos en sus Biblias o anotarlos en una hoja de papel. Recuerden que el enfoque es buscar contenido para sus oraciones. ¿Qué se sienten motivados a orar, considerando lo que ven en este pasaje bíblico?

3. Comenten brevemente el uno con el otro lo que observan y lo que han sentido que el Espíritu Santo les está diciendo.

Recuerde, esto no es un estudio bíblico ni un tiempo de enseñanza. Se trata de un *tiempo de oración*. Permitan que la Biblia les muestre lo que deben orar con respecto a sus vidas individuales, matrimonio, hijos, iglesia, ministerio y carrera. También oren por otras personas según Dios los guíe, entretejiendo en la oración ideas de los versículos que puedan aplicarse.

Tengan en cuenta que, de vez en cuando, llegarán a un pasaje que resulta difícil de comprender. En esos momentos, simplemente vea qué palabras esenciales o ideas pueden indicar una dirección para sus oraciones.

4. Túrnense para orar.

Tanto el esposo como la esposa pueden orar al Señor. Sigan el flujo de los versos en sus oraciones. Eleven su corazón al Señor siguiendo las palabras clave, ideas, frases, temas y contenido que perciban. Otra forma de enfocarse en la oración de las Escrituras es convirtiendo los versículos en oraciones. Ustedes pueden literalmente leer los versos palabra por palabra en un espíritu de oración; en esencia, orando la misma Palabra de Dios de vuelta al Señor. Otro enfoque que hemos encontrado útil es alternar la oración a lo largo de la selección de versículos. El esposo ora por el primer verso, la esposa ora por el segundo verso, el esposo ora por el tercero, la esposa ora por el cuarto. Luego continúan alternándose para orar a través de tantos versos como hayan seleccionado. Con cada enfoque, hagan lo que resulte más cómodo, natural y viable para los dos.

Mientras continúan orando juntos, ambos se sentirán cada vez más cómodos y confiados en su comunicación con el otro y con el Señor. ¡Que Dios bendiga su nuevo camino de intimidad espiritual en su matrimonio!

EL USO DE SANTIAGO COMO LIBRO DE ORACIÓN

Lean Santiago 1:1–8, luego oren juntos.
Señor, estos versículos son fáciles de leer, pero resultan difíciles de vivir. Te pedimos que cambies nuestra perspectiva para que podamos sentir pura alegría cuando nos enfrentamos a las pruebas de varios tipos. ¡Debido a que sabemos que deseas producir constancia a través de la prueba de nuestra fe, permite que la perseverancia termine la obra, para que podamos ser perfectos e íntegros, sin que nos falte nada! Y durante los tiempos de pruebas, te pedimos que nos des generosamente la sabiduría que necesitamos para que no experimentemos la inestabilidad de ser agitados y llevados por los mares y vientos de la duda. Amén.

Lean Santiago 1:9–12, luego oren juntos.
Padre, confesamos que tú eres nuestro proveedor celestial, y todas nuestras posesiones terrenales provienen de tu mano llena de gracia. Te agradecemos por la alta posición que ocupamos como creyentes en Jesucristo. ¡Nuestra valía y nuestros méritos no tienen nada que ver con lo que poseemos materialmente, sino que se basan en quiénes somos en Jesús! La riqueza material es relativa, se desvanece y, en

última instancia, será destruida. Ayúdanos, Señor, a ser dadivosos y no confiar en las riquezas para nuestra seguridad o valor personal. Mantén nuestros ojos fijos en las recompensas eternas, como la corona de la vida, que has prometido a los que te aman. Amén.

Lean Santiago 1:13–15, luego oren juntos.

Señor, sentimos la presión de vivir en un mundo pecaminoso. Podemos estar confundidos con respecto a la fuente de nuestras tentaciones, pero Dios, sabemos que tú no eres el que nos tienta. Somos tentados cuando nuestros propios malos deseos, que viven en nosotros como pecadores, nos arrastran y seducen. La tentación puede parecer atractiva, pero siempre hay una trampa mortal en ella. Reconocemos que cuando un deseo malo es concebido, engendra el pecado, y el pecado, cuando ha sido consumado, da a luz la muerte. Señor Dios, pedimos tu protección sobre nuestro matrimonio y nuestra familia en esta batalla espiritual crucial. Amén.

Lean Santiago 1:16–18, luego oren juntos.

Señor, te pedimos que guardes nuestros corazones del engaño. También te pedimos que protejas del engaño los corazones de nuestros hijos, ya sean jóvenes o mayores. Disfrutamos la bendición de que tú eres un Dios dadivoso. Eres el que nos da cada dádiva buena y perfecta. ¡Hemos recibido innumerables regalos de ti, por lo cual estamos llenos de agradecimiento! Señor, también nos sentimos bendecidos al saber que tú no cambias como las sombras. Sabemos que eres el mismo todos los días. ¡Gracias, además, por hacernos nacer espiritualmente a través de la Palabra de verdad, para que podamos dar fruto para tu gloria! Amén.

Lean Santiago 1:19–21, luego oren juntos.

Señor, te rogamos por nuestro matrimonio y nuestros hijos, a fin de que estemos todos listos para escuchar: a ti, a los demás y a las personas que se encuentran en nuestra esfera de influencia. También necesitamos ser lentos para hablar. Cuando la gente nos habla, resulta útil no pensar en lo que nosotros queremos decir. Te pedimos que te muevas en nuestros corazones para comprobar si hay algún tipo de enojo que a veces estalla con mucha facilidad. Confesamos con tu Palabra que el enojo humano no produce la vida justa que tú deseas. Además, protégenos de aceptar la inmundicia moral y la maldad que están tan disponible en el mundo que nos rodea. ¡Por favor, produce un suelo fértil en nuestros corazones que pueda aceptar humildemente la Palabra que ha sido plantada en nosotros! Amén.

Lean Santiago 1:22–25, luego oren juntos.

Señor, cada día los espejos son muy útiles para nosotros, y Santiago nos recuerda que tu palabra es como un espejo. Necesitamos no solo escuchar la Palabra, sino hacer lo que dice. Si solo escuchamos la Palabra y no la obedecemos, es como mirar en un espejo e ignorar las cosas que están mal. Cuando vemos la necesidad de hacer correcciones y cambios, danos el valor para llevarlos a cabo intencionalmente. Tu ley perfecta no implica legalismo, sino libertad… libertad para obedecerte por amor. ¡Porque cuando te obedecemos debido a nuestro amor, somos bendecidos en ese hermoso camino! Amén.

Lean Santiago 1:26–27, luego oren juntos.

Padre, permítenos experimentar un éxito creciente al ponerle freno a nuestra lengua. Cuando nuestra lengua se sale de control, no solo podemos lastimar a otros, sino que finalmente nos dañamos a nosotros mismos a través de palabras que pueden causar que nos engañemos. La religión pura y sin mancha se pone en práctica cuando servimos a las personas en dificultades, tales como los huérfanos y las viudas. Agudiza nuestra conciencia para percibir y ayudar a estas personas necesitadas que traes a nuestra vida. Reconocemos que el mundo está contaminado con el pecado, así que protege a nuestro matrimonio y nuestros hijos de la corrupción de las influencias pecaminosas. Inclina nuestros corazones hacia opciones santas que se reflejen en una obediencia completa y regular. Amén.

Lean Santiago 2:1–4, luego oren juntos.

El término "hermanos" nos dice que somos integrantes de una misma familia, porque somos creyentes en el Señor Jesucristo. Vivir en tu familia espiritual conlleva responsabilidades y compromisos en cuanto a la forma en que consideramos y tratamos a las personas. La discriminación es un tema relevante, porque estamos muy dispuestos a hacer juicios basados en las apariencias externas y las cosas materiales. Por favor, guarda nuestros corazones y mentes de juzgar con malas intensiones. Te confesamos humildemente, Dios, que juzgamos a los demás con facilidad. Permite que no podamos distinguir siquiera categorías de "ricos" y "pobres". Te pedimos que abras nuestros ojos para ver lo que tú ves cuando miramos a las personas. Amén.

Lean Santiago 2:5–7, luego oren juntos.

Señor, guarda nuestros corazones y nuestros juicios en todas nuestras relaciones: en la comunidad, la iglesia, el trabajo, y especialmente en nuestra familia. La gente no debe ser juzgada por su apariencia y sus posesiones, sino considerada según lo hace Dios, basándonos en el carácter personal y la relación con el Señor. Recuérdanos que los pobres a los ojos del mundo a menudo son ricos en la fe y bendecidos para heredar el Reino de Dios. Con frecuencia, las personas ricas pueden llenarse de arrogancia y explotar a otros, los arrastran a los tribunales y blasfeman el buen nombre de Dios. ¡Independientemente de las posesiones materiales, lo que importa es el carácter y la relación con Dios! Amén.

Lean Santiago 2:8–13, luego oren juntos.

Jesús, tú dijiste que el primer y más grande mandamiento es amar a Dios con todo nuestro corazón, alma, mente y fuerza. También declaraste: "Amarás a tu prójimo como a ti mismo". Tú eres nuestro Rey, y buscamos vivir según tu ley real. Protege nuestros corazones del favoritismo y los juicios. Ayúdanos a considerar los intereses de los demás como si fueran tan importantes como los nuestros. Guíanos, Señor, a hablar y actuar como personas que serán juzgadas por la ley que nos da libertad. Suplicamos tu misericordia sobre nosotros para que podamos llegar a ser canales de tu compasión hacia otras personas. Liberarnos de la competitividad, la valoración y el juicio. Amén.

Lean Santiago 2:14–19, luego oren juntos.
Padre, la evidencia más clara de la fe genuina es producir buenas obras. No queremos que nuestra fe sea inservible, sino útil. Por favor, muéstranos cómo invertir nuestro tiempo, talentos y tesoros para el avance de tu Reino. Abre nuestros ojos de nuevo, y abre las puertas para que impactemos la vida de las personas. Afirmar solo que tenemos fe no es suficiente. ¡Buscamos una fe expresada con hechos! Los demonios creen en ti, Dios, pero ciertamente no te están sirviendo. Que nuestra fe pase la prueba de la autenticidad fluyendo hacia otros por medio de acciones de misericordia, amor y sacrificio. ¡Amén!

Lean Santiago 2:20–26, luego oren juntos.
Señor, dos cosas que deseas que se encuentren equilibradas en nuestra vida espiritual son la fe y las obras. Abraham y Rajab son grandes ejemplos de esto. Ellos eran personas muy diferentes, pero ambos demostraron una fe genuina, audaz y obediente. Un hombre y una mujer…¡el padre de los judíos y un gentil, un patriarca y una prostituta! La fe de Abraham y sus acciones funcionaron en perfecto equilibrio cuando ofreció a su hijo Isaac en obediencia a ti. Y tal fe genuina se le tomó en cuenta como justicia. ¡Gracias, Señor! Rajab fue considerada justa cuando recibió y escondió a los espías judíos en Jericó. Estamos agradecidos por estos increíbles ejemplos de fe y obras que funcionan en perfecto equilibrio. Te rogamos que nos concedas a nosotros también tal equilibrio en nuestras vidas contigo. Amén.

Lean Santiago 3:1–6, luego oren juntos.
Hoy, tu Palabra nos está llamando a la necesidad diaria de vigilar las palabras de nuestra lengua. Un pequeño freno colocado en su boca puede hacer que un caballo fuerte de la vuelta, y un enorme barco es impulsado por los poderosos vientos a través de los mares, pero dirigido por un timón muy pequeño. Vemos que, de la misma manera, nuestra lengua es solo un miembro muy pequeño del cuerpo,

pero puede causar grandes males. Una pequeña chispa comienza un incendio forestal entero. Y nuestra lengua también puede ser como un fuego. Este es un serio recordatorio de las veces en que hemos visto que unas pocas palabras desacertadas han provocado grandes problemas y conflictos. Así que te pedimos, Espíritu Santo, que guardes las palabras de nuestra boca. Amén.

Lean Santiago 3:7–12, luego oren juntos.
Señor, Santiago dice que puede ser más fácil domar a un animal que domar a la lengua. Con nuestras bocas podemos potencialmente bendecir y maldecir. Sin embargo, no es así como debe ser. ¿Cómo puede brotar de una misma fuente agua dulce y agua salada? Una higuera no puede dar aceitunas, ni higos una vid. Tales resultados son una contradicción. Señor, somos culpables de vez en cuando de dejar que nuestras palabras se adelanten a nuestras mentes e incluso a nuestros corazones. Así que hoy, te pedimos en particular que nos ayudes a ser ejemplos en lo que respecta a usar palabras saludables con nuestros hijos. ¡Que nuestra casa sea un lugar de paz verbal! Y cuando surjan ocasiones para tener conversaciones difíciles, danos el autocontrol, la gracia y la paciencia. Amén.

Lean Santiago 3:13–18, luego oren juntos.
Padre, hoy oramos sobre dos virtudes importantes de la relación espiritual: la sabiduría y la paz. Una buena vida se demuestra por obras hechas con humildad, la cual proviene de la sabiduría. Por favor, guarda nuestros corazones de albergar envidias amargas y ambiciones egoístas, pues tales actitudes no son espirituales, sino terrenales, humanas e incluso diabólicas. Enséñanos la sabiduría que desciende del cielo, la cual es pura, pacífica, bondadosa, dócil, llena de compasión y buenos frutos, imparcial y sincera. Cuando sembramos en paz, recogeremos una cosecha de justicia, pero si sembramos con envidia y egoísmo, cosecharemos en consecuencia. Concédenos, Señor, una cosecha justa. Amén.

Lean Santiago 4:1–3, luego oren juntos.

Señor, nos damos cuenta de que existen vulnerabilidades en el matrimonio. Es posible que haya temporadas de tensión, lucha y pelea. Sin embargo, Jesús dijo: "Una casa dividida contra sí misma no se mantendrá en pie". En tiempos de desacuerdo, te pedimos que nos concedas autocontrol para mirar en nuestros propios corazones y considerar nuestros motivos. Recuérdanos que a veces no tenemos porque no pedimos, y danos los motivos correctos cuando hacemos peticiones a ti y los demás. Oramos, Dios, que dispongas nuestros corazones para buscar la sabiduría del Espíritu y la paz en nuestro matrimonio y hogar. Amén.

Lean Santiago 4:4–6, luego oren juntos.

La amistad con el sistema de este mundo nos lleva al adulterio espiritual y nos convierte en tus enemigos. Por lo tanto, por favor, guíanos para elegir con cuidado los compromisos y las alianzas en nuestras vidas. Tu Espíritu Santo mora en nosotros, porque somos tus hijos. Tú eres un Dios celoso, y deseas la comunión con tu Espíritu en nuestro interior. Confesamos que estamos en una lucha entre el mundo y el Espíritu, y que necesitamos tu gracia. Dios, tú te opones a los orgullosos, pero das gracia a los humildes. Por lo tanto, te pedimos con humildad que tu Santo Espíritu traiga gracia a nuestra vida para que nuestra amistad y comunión sean contigo como nuestro Padre. Amén.

Lea Santiago 4:7–10, luego oren juntos.

Padre, fortalécenos para resistir al diablo, y reclamamos la promesa de que él huirá de nosotros. Buscamos acercarnos a ti y saber que responderás viniendo cerca de nosotros. "Nos limpiamos las manos" y te pedimos que purifiques nuestros corazones, porque luchamos con la indecisión y la vacilación. Concédenos arrepentimiento para luchar con el pecado de modo que nos entristezcamos, lloremos, lamentemos, cambiemos nuestra risa por llanto, y nuestra alegría por tristeza. Nos humillamos ante ti como nuestro santo Señor y Dios. Te alabamos, Señor, que en nuestra sumisión y quebranto encuentres la humildad que estás buscando en nuestras vidas, y luego promete exaltarnos. Amén.

Lean Santiago 4:11–12, luego oren juntos.

Caemos fácilmente en el pecado de compararnos y contrastarnos con otras personas. Si los vemos "más arriba", podemos llenarnos de celos y autocompasión. Si los vemos "más abajo" que nosotros, estamos tentados a ser vencidos por el orgullo. Tu mandato es que amemos a nuestro prójimo y no lo calumniemos ni juzguemos. Despiértanos para darnos cuenta de que hacer comparaciones y contrastes entre nuestros hermanos y hermanas es lo mismo que hacer juicios. Nuestra responsabilidad es amar a las personas y no juzgarlas. ¡Hay un solo Legislador y un solo Juez, y no somos nosotros! Amén.

Lean Santiago 4:13–17, luego oren juntos.

Declaramos que "si el Señor quiere, viviremos y haremos esto o aquello". Creemos que resulta apropiado ser administradores sabios de nuestras vidas. Sin embargo, confesamos que nuestros planes están completamente en tus manos y bajo tu voluntad. Ciertamente, no sabemos qué sucederá mañana. A menudo nos sorprendemos o incluso nos sentimos sacudidos por las cosas que nos han ocurrido. Nuestras vidas son como la niebla, aparecen por un momento, y luego nos desvanecemos. Así que guarda nuestros corazones y mentes de los planes arrogantes y egoístas. Protégenos de la jactancia, que es mala. Cuando sepamos hacer el bien, fortalecernos, Señor, para tomar las decisiones correctas con un espíritu dócil y humilde. Amén.

Lean Santiago 5:1–6, luego oren juntos.

Señor, es fácil caer en la trampa de perseguir la riqueza y poner nuestra confianza en la fortuna. Ayúdanos a discernir honestamente nuestras actitudes hacia las posesiones y la riqueza. Dado su carácter temporal, pueden pudrirse, corroerse y ser devoradas. La riqueza nos puede tentar a tratar a las personas injustamente, como en el caso de no pagarles a los obreros un salario justo, y las posesiones pueden atraernos a la falsa comodidad del lujo y la autoindulgencia. Queremos reconocer que todo lo que tenemos procede de tu mano llena de gracia. Eres el Dador y el Dueño de todas las cosas. ¡Te pedimos en este día que protejas nuestros corazones del engaño de las riquezas! Amén.

Lean Santiago 5:7–9, luego oren juntos.

Padre nuestro, creemos que el Señor Jesús viene una segunda vez a esta tierra, como el gran Rey de reyes y Señor de señores…¡y como el Juez! Por favor, concédenos la virtud de la paciencia mientras esperamos el regreso de Jesús, así como el agricultor espera a que la tierra produzca su cosecha valiosa, y también aguarda las lluvias del otoño y la primavera. Capacítanos para permanecer firmes, porque la venida del Señor está cerca. Guarda nuestros corazones de enfocarse en las personas de una manera malsana, que nos hace quejarnos debido a nuestros juicios insensatos y desinformados. Danos corazones llenos de fe y confianza en la realidad del regreso del Señor. ¡Y por favor, permite que ambos estemos listos! Amén.

Lean Santiago 5:10–12, luego oren juntos.

Ah, Señor, nuestra cultura parece engendrar la impaciencia. Queremos las cosas de inmediato y no deseamos que nada obstaculice nuestros objetivos y planes. Necesitamos paciencia en el camino normal de la vida, pero estos versos también introducen la realidad del sufrimiento. Tus profetas son grandes ejemplos de paciencia y perseverancia, incluso frente a los padecimientos. Job sufrió grandes pérdidas y luchó en medio de la confusión, pero finalmente tú iluminaste su perspectiva y lo restauraste, concediéndole muchas más bendiciones que las originales. En los tiempos de sufrimiento, ayúdanos a recordar que estás lleno de compasión y misericordia. Guárdanos de hacer juramentos, pues todo lo que necesitamos decir es un simple "sí" o "no" para guardar la integridad de nuestros corazones. Amén.

Lean Santiago 5:13–16, luego oren juntos.

Padre, siempre que tengamos problemas, ya se trate de derrotas, debilidades o enfermedades…¡recuérdanos orar! En tiempos de bendición, podemos cantarte alabanzas. Danos la oportunidad de orar con nuestros líderes espirituales para alcanzar la sanidad, sin importar si la enfermedad es emocional, espiritual o física. Dispón nuestros corazones para que nos confesemos nuestros pecados el uno al otro, porque nos damos cuenta de que el pecado ama la oscuridad y quiere permanecer oculto. Sin embargo, cuando se confiesa y se expone a la luz, este pierde su poder sobre nosotros. Creemos que las oraciones de una persona justa son poderosas y eficaces, ya que él o ella caminan cerca de ti con discernimiento. ¡Ayúdanos a ser justos en ti! Amén.

Lean Santiago 5:17–20, luego oren juntos.
Te damos gracias por el ejemplo de Elías, que experimentó poderoso y confiado las respuestas a sus oraciones fervientes. Él era un ser humano, con debilidades como las nuestras, de modo que recibimos la promesa de que nosotros también podemos orar con fervor a Dios por cosas que están indiscutiblemente fuera de nuestro control. Señor, permite que nuestros ojos y corazones estén atentos a la gente que nos rodea que se encuentra luchando e incluso puede estar atrapada en el pecado. Llénanos de amor y compasión en vez de juicio. ¡Muéstranos cómo extender una mano auxiliadora a las personas heridas, permítenos ver que la muerte y la pérdida se detienen, y presenciar una multitud de pecados cubiertos por tu gracia!

Señor, te agradecemos por ayudarnos a ser más intencionales y regulares en lo que respecta a orar juntos en nuestro matrimonio. Esto ha constituido una fuente de bendición abundante para cada uno de nosotros y, al mismo tiempo, ha continuado siendo un reto. Incluso si lo hemos hecho bien en cuanto a orar establemente hasta ahora, por favor, ayúdanos a mantenernos vigilantes y a continuar. En realidad, te pedimos que nos muestres qué libro de la Biblia debe ser el siguiente que debemos recorrer en oración. ¡Amén!